LOST WORDS | LOST WORLDS

Eine europäische Sprachreise

Joanna Bator, Mircea Cărtărescu, Aris Fioretos,
Barbara Honigmann, Alexis Jenni, Katja Lange-Müller,
Antonio Muñoz Molina, Goran Petrović, Martin Pollack,
Adania Shibli, Gonçalo M. Tavares, Yoko Tawada, Nino Vetri, Serhij Zhadan

Herausgegeben von
Kateryna Stetsevych, Katarina Tojić und Stefanie Stegmann

*edition.*fotoTAPETA
Berlin

INHALT

LOST WOR(L)DS.
EINE EUROPÄISCHE SPRACHREISE

Europa, einst die große Liebe Zeus', tritt auch im 21. Jahrhundert vorwiegend im Singular auf die Bühne der Weltgeschichte. Dabei schimmern eine Vielzahl von Sprachen, Ländern, Denk- und Wertesystemen, Kulturen und sich ablösende politische und ökonomische Ordnungen durch die Buchstaben. Europa ist mehr als eine physikalische Karte, es ist der Versuch, eine Gemeinschaft mit nationenübergreifenden Gemeinsamkeiten und Wurzeln mit dem Ziel europäischer Identitätsstiftung zu imaginieren. Gegenwärtig jedoch wird Europa durch heftige Turbulenzen erschüttert. Eine Krise, die neben ihrer allgegenwärtigen politisch-ökonomischen Dimension auch soziale und kulturelle Bewegungen quer durch alle Gesellschaftsschichten ausgelöst hat und die allmählich für einen Wandel im europäischen Bewusstsein sorgen.

Der Flut an Expertenmeinungen aus Politik, Wirtschaft und Geschichte zur Lage Europas setzt die vorliegende Anthologie die kreative Kraft der Literatur entgegen: 14 Schriftstellerinnen und Schriftsteller aus zwölf Ländern Europas reflektieren in ihren Texten Zusammenhänge von Erinnerung, Sprache, Literatur und Europa und begeben sich auf die Suche nach verlorenen Welten. Verbunden durch die Frage nach verlorenen Wörtern und Orten, nach vergangenen und neuen Narrationen und nach Beziehungen zwischen dem Wandel von Gesellschaftssystemen und Sprache als kultureller Praxis ist so eine literarisch-essayistische, schillernde, bewusst heterogene und facettenreiche europäische Sprachreise entstanden. Die in den Texten ausgeführten Meinungen und Thesen spiegeln dabei eine große Bandbreite von Positionen wider, die die vorwiegend wirtschaftlich und politisch geführten Debatten um einen neuen, schärfenden und sensibilisierenden Blick erweitern. In den Essays reflektieren die Autorinnen und Autoren als Seismographen und Sinnbildstifter ihrer Gesellschaften die Geschichte und Gegenwart europäischer Länder. Sie benennen in ihren Texten Wörter und Themen, die sowohl eng mit der eigenen Biographie verflochten sind, als auch übergeordnete aktuelle Diskussionen in den jeweiligen Ländern aufgreifen und deren Konfliktlinien beschreiben.

Viele Biografien der hier versammelten Autorinnen und Autoren sind geprägt durch wegweisende und einschneidende Migrationserlebnisse, durch Kriegserfahrungen, Flucht und Vertreibung oder durch den Zusammenbruch bzw. Wandel ganzer Gesellschaftssysteme. Die Verfasserinnen und Verfasser kommen aus dem gesamten europäischen Raum und sind in ihren Ländern als Schriftsteller tätig. In diesem Band gießen sie mit ihren literarisch-künstlerischen Mitteln Europas verlorene Wörter und Orte in eine ganz eigene Form. Mäandernde Gedanken, bewusst experimentierende Textformen und provozierende Thesen sind dabei nicht nur geduldet, sondern gewollt.

Dem Ansatz des Projekts liegt dabei die Vorstellung zu Grunde, dass Schriftsteller neben ihrem künstlerisch unabhängigen Schaffen zugleich auch als politisch denkende Akteure verstanden werden dürfen. Insbesondere im deutschsprachigen Raum wird in den Feuilletons regelmäßig angemahnt, dass es hier an genau diesen intellektuellen Stimmen fehle, die sich auch zu brennenden Fragen der Gegenwart zu Wort melden. Ingo Schulze spitzt diese Mahnung wie folgt zu: *„Die Intellektuellen schweigen. Aus den Universitäten hört man nichts, von den sogenannten Vordenkern nichts, hier und da gibt es einzelnes kurzes Aufflackern, dann wieder Dunkel."* (Süddeutsche Zeitung, 12. Januar 2012)

Hier setzt LOST WOR(L)DS an: Aus dem „Dunkel" etwas verloren Geglaubtes an die Oberfläche zu bringen, kann helfen, Denkhaltungen im Ringen um Europa neu zu justieren und das Infragestellen kultureller Vereinheitlichungen als produktive Herausforderung zu begreifen. Die einzelnen Texte sind in ihrer Themenwahl und Ästhetik dabei sehr verschieden, greifen konkrete Wörter wie die „Berliner Stulle", die „Setzmilch" und den „regimefeindlichen Bummelanten" auf, entwickeln aber auch stärker abstrahierende Thesen in unterschiedlichen Formsprachen.

Mit verlorenen Wörtern als Reflexionen verlorener Welten beschäftigen sich Katja-Lange Müller, Barbara Honigmann, Yoko Tawada und Serhij Zhadan in ihren Essays. **Katja Lange-Müller** erläutert an der Bedeutungsverschiebung des Wortes „Bummelant" beispielhaft den Versuch, über Sprache und Begriffe ideologische Inhalte in der ehemaligen DDR langfristig in der Bevölkerung zu verankern – und unterlässt es nicht, mit gewohnter Schärfe und Ironie auch das Scheitern dieser Versuche zu illustrieren. Sie schlägt ein Wörtermuseum vor, das hilfreich wäre, um Gesellschaftswandel und Systemwechsel in der Sprachpraxis neu zu beleuchten und zu verstehen.

„Mutta, schmeiß Stulle runta!" – **Barbara Honigmann** unternimmt mit ihrer Berliner Stulle eine deutsch-jüdisch-französische Reise von Berlin über Straßburg bis nach Israel und widmet sich dem Berliner Dialekt in französischen

Sprachinseln, beschreibt seine Klangfärbungen und seine Bedeutung als Merkmal der sozialen Abgrenzung und Identifikation.

Yoko Tawadas Analysen zur europäischen Kultur beginnen in der Joghurtkultur, aus der heraus sie Überlegungen zur europäischen Verfasstheit entwickelt. Auf der Basis von Schleimsuppen, Sauermilch und Dickmilch knüpft sie ein Netz europäischer Verflechtungen und politisch-kultureller Verstrickungen, die Setzmilch, ein kaum noch verwendetes Wort, wird dabei zur Satzmilch, zur liquiden Flüssigkeit, die sich durch Sprachen und Länder zieht.

Der ukrainische Prosaautor und Lyriker **Serhij Zhadan** erläutert am Beispiel seiner Sozialisation in der Rock- und Popmusikkultur der letzten Jahrzehnte bis heute zugleich auch zentrale Wesenszüge ukrainischer Denk- und Geisteshaltungen durch die Zeiten hindurch. Sein Leben dient dabei als Folie eines ‚Bildungsromans' in der Musik; er schreibt von verlorener und neu gefundener Musik aus Ost und West, von Rock, Pop, Punk und Klassik ebenso wie von der Bedeutung der Vermittlungsmedien Platte, Tonband, Kassette und CD – und ihr allmähliches Verschwinden aus unserem Alltag(swortschatz).

Persönliche Erinnerungen stehen im Mittelpunkt der Texte von Joanna Bator und Martin Pollack. **Joanna Bator** öffnet im übertragenen Sinne die Türen eines „ehemals deutschen Schranks", der sich durch Geschichten verschiedener Generationen der Familie Bator zieht. Als Symbol für Verlust und Schmerz, Vertrautheit und Fremdheit, Faszination und Irritation angesichts der deutsch-polnischen Geschichte und ihre Prägung durch den Zweiten Weltkrieg nähert sie sich auf diese Weise ihren persönlichen verlorenen und neuen Welten.

Martin Pollack reist in seinem Essay zurück in seine Kindheit der fünfziger Jahre des vergangenen Jahrhunderts – ins Internat zu den „Dipis" – den *Displaced Persons*. Am Beispiel einzelner Beschreibungen skizziert er ein gestochen scharfes Bild der Zeit der Flüchtlingskinder und überlebenden Waisen im Nachkriegsösterreich im Mikrokosmos Internat. Hier waren kulturelle und ethnische Mischungen Normalität und gehörten zum Alltag; hier entwickelte sich ein Miteinander, das sich vom allgemeinen Zeitgeist der Voreingenommenheit und Abgrenzung außerhalb der Internatsmauern deutlicher kaum unterscheiden konnte.

Mircea Cărtărescus und Adania Shiblis Texte nähern sich dem Thema der verlorenen Welten abstrakter an. **Mircea Cărtărescu** schreibt über den Umgang mit dem Volk der Roma in Rumänien, deren jahrhundertealte Geschichte in Europa insbesondere auch eine der Vertreibung, Verfolgung und der „verlorenen Welten" ist. Kritisch beschreibt er die Ghettoisierung und Stigmatisierung der Roma und mahnt das angespannte und vielfach feindliche Verhältnis der rumänischen Bevölkerung gegenüber den Roma an.

Adania Shibli thematisiert verlorene Welten über die Institution „Polizei" als eine der genuin schützenden und zugleich jedoch bedrohlich gewordenen Instanzen unserer Gesellschaften, die in ihrer heutigen Form vielmehr Macht und Korrumpierbarkeit repräsentiert als dienenden Schutz. Diese Entwicklung setzt sie in den erweiterten Kontext des Zusammenbruchs der Sowjetunion und der durchschlagenden (Neo-)Liberalisierung und Ökonomisierung der Gesellschaften.

Zu einer Sprachreise der besonderen Art laden Nino Vetri und Goran Petrović ein. **Nino Vetri** schreibt über den *passio*, ein zwar noch nicht ganz verlorenes, so aber doch bedrohtes und vernachlässigtes Wort, das sowohl auf den Spaziergang Bezug nimmt, aber auch eine bestimmte Lebensart der Entschleunigung, des Zögerns und Zauderns bedeutet, der Intuition folgt und der stetigen Ausrichtung auf Effizienz abschwört. Das Leben als to-do-Liste ist das Gegenteil des Passìos, der durch sein Potenzial der Spontaneität verlorene Welten wiederzuentdecken hilft.

Goran Petrović spricht leise „durch das Schlüsselloch der Welt" und muss feststellen, dass die zur Verfügung stehenden Schlüssel ihr Schloss verloren haben. Drei Schlüssel ziehen sich durch den Essay und mit ihnen Gedanken, Geschichten und poetische Detailbeschreibungen, in denen sich zugleich allgemeine Fragen nach unserem Dasein in einer Welt der (Un-)Sicherheit stellen, vor der uns auch das beste Sicherheitsschloss nicht schützt.

Europäische Speicher- und Erinnerungssysteme und Fragen nach europäischen Identitäten beschäftigen auf verschiedene Weise Alexis Jenni, Aris Fioretos, Gonçalo M. Tavares und Antonio Muñoz Molina. **Alexis Jenni** lässt den „halben Himmel einstürzen" und beschreibt aus französischer Sicht den Zusammenbruch des sowjetischen Systems am Beispiel des Meteoriteneinschlags in Tscheljabinsk. Er problematisiert die Konsequenzen dieses Zusammenbruchs, den Verlust einer ganzen Welt und damit verbunden auch einer Gegenwelt, die für ihn Gleichgewicht, kontinuierliche Infragestellung des eigenen Systems und im positiven Sinne Abarbeitung bedeutete. Er zeichnet dabei kein romantisierendes Bild der Sowjetunion, sondern fragt vielmehr nach den Konsequenzen, wenn es nur noch eine gültige Weltordnung gibt, die auf einer Ökonomisierung der gesamten Lebensbereiche aufbaut.

Aris Fioretos befragt in kleineren Wort-Kapiteln aktuelle Entwicklungen in Europa und die Bedeutung von Literatur und Sprache als „Gänsehautproduzent", als Kunstgenuss und Korrektiv. Er greift dabei Fragen nach der vielfach beschworenen europäischen Identität kritisch auf. Eine europäische Seele lasse sich nicht verordnen, „als handelte es sich um Sparmaßnahmen oder Penicillin, von oben herab". Vielmehr müsste man „die Frage stellen, ob Europa nur eine Seele hat oder nicht eher aus vielen besteht". Die Pflege von Vielfalt kann daher aus seiner Sicht nur eine Pflege von Unterschieden sein – als Teil des europäischen Erbes.

Gonçalo M. Tavares schreibt über außer Gebrauch gekommene Wörter und verbindet seine Überlegungen mit der Herausbildung und zugleich dem Niedergang Europas. Eine seiner zentralen Thesen ist im übertragenen Sinne anschlussfähig an Nino Vetris Passìo der Entschleunigung. Europapolitik im Hauruckverfahren, die Wiedervereinigung von Deutschland und die Konstruktion der EU stehen dabei auf dem Prüfstand seiner Betrachtungen.

Antonio Muñoz Molina problematisiert in seinem Essay die gedankenlose Unversöhnlichkeit, basierend auf Emotion und geschichtlich verbürgter Tradition. Dem gegenüber stellt er die neutralere, unemotionale und auf Rationalität basierende Flagge und Idee eines gemeinsamen Europas. Er verzahnt Patriotismus mit Sprache, mit der Verwendung von Wörtern, Hymnen, Mythen ebenso wie mit Grenzziehungen, Pässen und Visa – und benennt dabei zugleich die Probleme desselben: zwei große Weltkriege und ein unglaublicher Verlust an Wörtern und Welten, die Wörter der Vertriebenen und das Jiddische im Alltag europäischer Städte.

Wohin nun all die Veränderungsprozesse in Europa führen, ist noch nicht absehbar; die Formierung einer sogenannten europäischen Öffentlichkeit ist gegenwärtig erst im Entstehen. Hier werden Fragen nach Gemeinsamkeiten und Unterschieden, nach Solidarität und Individualismus, nach Nationalem und Europäischem, Vielfalt und historischen Wurzeln neu gestellt. Die Autorinnen und Autoren des Bandes begegnen Fragen wie diesen kritisch, analytisch, wohltuend eigensinnig und nicht zuletzt auch mit der nötigen Portion Schärfe, Humor und Ironie. So fragt zum Beispiel Katja Lange-Müller: *„Wie wurde, anfangs der sechziger Jahre des vorigen, des 20. Jahrhunderts und unter DDR-sozialistischen Verhältnissen aus dem vergleichsweise harmlosen ‚Bummler‘ der regimefeindliche, ja staatsgefährdende ‚Bummelant‘?"*

Eine gute Reise durch Europa wünschen Ihnen die Herausgeberinnen Kateryna Stetsevych, Katarina Tojić und Stefanie Stegmann.

Die Anthologie ist Teil eines internationalen literarischen Vermittlungsprojekts in der Trägerschaft von Kulturgenossenschaft e. V. Alle Informationen zum Projekt sind zu finden unter www.lost-worlds.kulturgenossenschaft.de. Anthologie und Gesamtprojekt wurden gefördert durch die Kulturstiftung des Bundes und die Robert Bosch Stiftung.

VERSCHIEDENE WÖRTER

Viele Wörter gehörten, damit sie nicht gänzlich dem Vergessen anheimfallen, in ein Wort-Museum. Doch ein solches Museum gibt es bislang nicht – und auch keinen Wörter-Friedhof, obwohl ich, und vermutlich nicht nur ich, einen solchen gern besuchte, ab und an. – Auf den Grabsteinen stünden, wie Namen, die *verschiedenen* Wörter und von wann bis wann sie gelebt haben, also im Gebrauch waren. Was genau dieses oder jenes Wort einst hervorbrachte, welche Zeit, welche Mode, welche politischen Verhältnisse ..., das wäre dann die *Erinnerungsarbeit* (noch so ein sterbendes Wort, das demnächst „hinüber" sein könnte), die der Friedhofsbesucher, vielleicht ja ein Hinterbliebener oder einfach ein *Bummelant* zu leisten hätte. Aber *Trauerarbeit* würde ich meine Bemühungen, mich zu erinnern, nicht nennen wollen. Denn um jene zwei Wörter, die ich nun mal kurz exhumieren möchte, ist es nicht wirklich schade. Und schon sehe ich mich, die womöglich letzte lebende *Bummelantin*, vor dem toten Bummelanten stehen:

„Hier ruht, nach einem eher kurzen und paradoxerweise ungemütlichen Leben, in rechtsstaatlichem
Frieden der
BUMMELANT
* etwa 1960 – † in den achtziger Jahren und in der DDR"

Bummeln ist nicht *Bimmeln*. Dennoch ist das – dem verblichenen Substantiv *Bummelant* eingeschriebene – Verb bummeln mit dem Bimmeln, dem hell klingenden Herumrühren eines eher zarten Klöppels in einem hektisch bewegten, blütenkelchförmigen Glöckchen aus getriebenem Blech, weitläufig verwandt. Das seit dem 18. Jahrhundert bezeugte Bummeln hat seinen Ursprung im dröhnenden Bum, Bum, das ertönt, wenn die Schläge einer großen Klöppelkeule den gusseisernen Körper einer noch größeren, bedächtig hin und her sowie auf und ab schwingenden Glocke erschüttern. Das Dumpfe, Schwerfällige, das der Christenmensch mit diesem Geräusch assoziiert, hat dann wohl zunächst das Substantiv *Bummler* – im wahrsten Sinne des Wortes – hervor*gerufen*. Bummler war im 19. Jahrhundert eine studentische Metapher für einen Nichtstuer, einen Faulenzer, einen bequemen, dem *Müßiggang*, also dem müßigen (nicht zielgerichteten) Flanier- oder Spaziergang, eben schlicht dem Bummeln zugeneigten jungen Mann.

Doch wie wurde, anfangs der sechziger Jahre des vorigen, des 20. Jahrhunderts und unter DDR-sozialistischen Verhältnissen, aus dem vergleichsweise harmlosen Bummler der regimefeindliche, ja staatsgefährdende Bummelant?

Zunächst einmal war jegliche Trägheit suspekt, was auch auf die militärische Struktur der DDR-Gesellschaft verweist. Schon ein Kinderkrippenkind, das bei drei nicht vom (möglichst vollen!) Nachttopf aufgesprungen war, nannten die anderen begeistert *Bummelletzter*; ein Wort, das freilich nicht den Kleinen eingefallen, sondern ihnen beigebracht worden war, von der Erzieherin, zu der man in der Frühphase des DDR-deutschen Sozialismus schon noch Tante sagen durfte. Und wenn der kollektive Spott nichts bewirkte und es dieser Bummelletzte später, in der Polytechnischen

Oberschule, beim Diktat etwa, nicht schaffte, sämtliche Wörter, die seine Lehrerin (männliche Lehrkräfte gab es kaum) ihm vorsagte, aufzuschreiben, und darum ein Fragment abgeben musste, bekam er, egal ob das bis zum Pausenzeichen unvollständig zu Papier Gebrachte fehlerfrei war oder nicht, eine *Bummelfünf*, und wenn er dann genug Bummelfünfen zusammenhatte, wurde er wieder Bummelletzter und blieb sitzen. Für wie verwerflich Langsamkeit galt und für wie erstrebenswert Schnelligkeit, offenbart der Refrain eines weiland beliebten Pionier-Liedes, der mir gerade wieder eingefallen ist: „Kling, klingelingeling, so singt mein Drahtesel, Drahtesel / Wenn ich mit ihm durch die Straßen flitz, wie der Blitz / Ja, dann sagen alle: Ei da kommt der flinke Fritz …". – Das Grabmal des Wortes *Drahtesel*, auch so eine putzige DDR-Kreation, mit der, obgleich es in Deutschland, Ost *und* West, seinerzeit wohl Draht, aber keine Esel mehr gab, das Fahrrad gemeint war, würde ich sicher nicht finden, nicht einmal, wenn ich Lust hätte, es zu suchen. – Doch weil er sitzengeblieben war, kriegte unser Bummelletzter ohnehin weder einen Drahtesel noch ein Fahrrad und nichts stand seiner Karriere zum ausgewachsenen Bummelanten mehr im Wege, auf dem er sich, so ganz *lahmarschig*, eh bereits befand, außer womöglich der *Nationalen Volksarmee*, die *Bürgerpflicht* war und sich auf *Erziehungsmaßnahmen*, auch in hartnäckigen Fällen, extrem gut verstand.

Vom Bummler unterschied den Bummelanten, dass er nicht nur lahmarschig, *schnarchnasig* und *schlaff* war, er brachte, was schon als echt kriminell galt, mit seiner „Bummelei in jeder Lebenslage" seine „grundsätzlich ablehnende Haltung gegenüber der herrschenden Arbeiterklasse" zum Ausdruck, seine nihilistische Überzeugung, ja, Ideologie: *Das Prinzip Verweigerung*. Der echte Bummelant war ein *notorischer* Bummelant, ein *unverbesserlicher* Bummelant, sozusagen ein Bummelant im *Defektzustand*; und ein solcher konnte nicht heranreifen zur „allseitig entwickelten sozialistischen Persönlichkeit", einfach, weil er es nicht wollte; denn Arme und Beine hatte er in der Regel ja und meist auch sonst kein körperliches oder seelisches Gebrechen. So gesehen, war der Bummelant eher ein *Simulant*, ein „heimtückisches, arbeitsscheues, feindliches Element", das gar nicht daran dachte, seine „naturgegebenen Kräfte in den Dienst des Aufbaus der kommunistischen Weltordnung zu stellen".

Nun ließe sich einwenden, dass sich in der DDR schließlich kaum einer zu Tode geschuftet habe, nicht einmal die Häftlinge im Gleisbau bei der Bahn oder in den Braunkohlegruben Sachsens und Thüringens. Aber ein brauchbares „Mitglied der sozialistischen Menschengemeinschaft" hatte wenigstens die Absicht nützlich zu sein und erschien daher jeden Tag halbwegs pünktlich in seiner Schule, seinem *Kombinat*, seinem Büro – oder es schickte zumindest einen ordentlichen Krankenschein.

Besonders viele Bummelanten ermittelten die „inneren Organe" des Staates, speziell sein „Herz", das MFS (Ministerium für Staatssicherheit), unter den „sogenannten" Autoren und Dichtern, deren „Geschreibsel" – aus vielerlei Gründen – nicht gedruckt wurde. Wohl gab es auch noch ein paar „ewig gestrige" Sinti und Roma, die ihren „herkunftsbedingten Wandertrieb" trotz „unterstützender Maßnahmen" nicht so recht „in den Griff" bekamen; nun ja, die konnte man, da sie normalerweise nichts verfassten und sich weitgehend ruhig verhielten, als „folkloristische Altlast" gewähren lassen. Doch für – beziehungsweise gegen – diese Autoren und Dichter, „Pseudokünstler ohne Steuernummer und meist auch ohne festen Wohnsitz", musste eigens ein Gesetz geschaffen werden, nämlich das „Zur Bekämpfung des Vagabundismus und Asozialismus". – Oder hieß das Asozialität? – In meinen *Stasi*-Akten, ich las sie bereits im Jahr 1990, war der „Bummelant" sogar aufgestiegen in den Olymp der *Operativen Vorgänge*. Gleich sechs – mittlerweile leidlich arrivierte – Schriftstellerkollegen sollte der „OV (operative Vorgang) Bummelant" ermitteln, bearbeiten und „aus dem Verkehr ziehen". Aber dass einige „überproportional entwicklungsgehemmte Feinde der Jungpionierzeitung ‚Bummi', unter ihnen Katja L., in Strampelanzügen, mit dicken Windelpopos und mit Schnullern zwischen den Milchzähnen" zu ihrem ersten Schultag erschienen und alsbald auch noch die „Bummilantenbande" gründeten, das wenigstens entpuppte sich, zur Freude der „zuständigen Organe sowie der Werktätigen unseres Landes", als bloßes Gerücht.

Trotz allem, wenn es sie denn gäbe, die letzte Ruhestätte des Bummelanten, einmal, nur ein einziges Mal, wäre ich dort hingegangen, vielleicht mit einem Blümchen in der Hand; das hätte ich niedergelegt und womöglich gar eine Träne vergossen. – Nicht so am Grabe der ENDVERSORGUNG, die auch in der DDR lebte, etwas länger als der Bummelant; doch verstoben ist sie zur selben Zeit.

Endversorgung: dieser bizarre Begriff aus dem – an derlei hässlichen Substantiv-Substantiv- oder Adjektiv-Substantiv- oder Bindewort-Substantivmontagen ziemlich reichen – Sprachschatzkästlein der DDR (mancher von uns meinte ja, die Versalien stünden für *Der Doofe Rest*) hat nicht einmal den Charme einiger damals in jener Drei-Buchstaben-Region ebenfalls sehr üblichen bedrohlichen Bürokratenwörtergirlanden, wie etwa: „Katja L. hat einen Hang zur Tendenz einer rückläufigen Kaderentwicklung". Über derlei kann man womöglich noch finster lächeln. Aber über die Endversorgung?

Der in einem weniger oder auf andere Art verkommenen *Soziotop* mit unserer gemeinsamen Muttersprache vertraut gewordene deutsche, österreichische oder schweizerische Mensch mag sich fragen, was denn zu verstehen war unter der Endversorgung. Ich werde mich bemühen, mich zu entsinnen und ihm Auskunft zu geben. Das offizielle Wort Endversorgung fanden die von ihm, dem Wort, und ihr, der Endversorgung, Bedrohten oder Verschonten (das kam auf die Situation an) längst nicht so unfreiwillig komisch wie das Wort *wohnhaft*, das in Formularen (die durchaus das Problem der Endversorgung betreffen konnten) gern auf folgende Weise auftauchte: „Wohnhaft in?" Diese wichtige Frage wurde dann mindestens ebenso gern nicht einfach mit der Angabe des Wohnortes beantwortet, sondern etwas umständlich, aber humorvoll im ganzen Satz; beispielsweise so: „In Wohnhaft bin ich noch bei meinen Eltern, Sonneberger Straße 112, Halle 4020". (Gemeint war die Stadt Halle an der Saale, Postleitzahl 4020, und nicht etwa irgendeine Halle, Sporthalle, Messehalle …, mit der Hausnummer 4020.) Nun hätte die – etwa für die Endversorgung (oder sonst was) zuständige – Behörde dem Ulk ja einen Riegel vorschieben können, indem sie einfach gefragt hätte: „Wo wohnen Sie?" Vielleicht vermied unsere Endversorgungsbehörde ein solches Abweichen von den amtsüblich knappen Erkundigungsfloskeln listigerweise, um eine am Aufspüren der Spaßvögel interessierte Bruderbehörde zu unterstützen, vielleicht auch bloß aus Gründen der Druckkostenersparnis?

Diese Frage kann und muss ich, wiewohl ich einst immerhin zu den Endversorgten gehörte, glücklicherweise auch nicht mehr beantworten, aber jetzt doch endlich einmal die nach der Endversorgung.

Das Wort Endversorgung, das nicht von ungefähr an die längst verblichenen Wörter *Endlösung* und *Endsieg* erinnert, bedeutete, dass ein DDR-Bürger vom „Amt für Wohnraumlenkung" mit so viel Wohnraum zu versorgen war, wie ihm „nach Auffassung der für ihn verantwortlichen, diesbezüglich an den Kriterien der Menschenwürde orientierten staatlichen Organe zustand". Im Klartext meinte dieses gänsefüßige Fragment einer Hohlwörterspirale, dass jeder Einwohner der DDR, ganz gleich, ob er Kind war oder erwachsen, ledig, verheiratet oder geschieden, alleinerziehend oder verwitwet, eine bestimmte Mindestquadratmetermenge überdachten Platzes für sich beanspruchen durfte. Stimmte diese Mindestquadratmetermenge, die für kleine oder große Kinder, für kinderreiche, kinderarme, kinderlose, verehelichte oder alleinstehende Erwachsene, für Rentner und Verwitwete unterschiedlich bemessen war, rein rechnerisch mit den im Mietvertrag der Familien- oder Singlewohnung angegebenen Quadratmeterzahl überein, galten die in diesem Dokument aufgeführten Personen, zumindest solange sich ihre jeweiligen Familienverhältnisse nicht durch Zuwachs, Scheidung oder Tod änderten, als endversorgt. Wie viele Quadratmeter genau wem zu genügen hatten, weiß ich nicht mehr. Für eine gewöhnliche, berufstätige, geschiedene Erwachsene samt einem leiblichen und „polizeilich bei ihr gemeldeten" Schulkind jedenfalls erfüllte eine Zwei-Raum-Wohnung den Status „Endversorgt". Natürlich durfte diese Erwachsene, falls das Kind sein achtzehntes Lebensjahr bereits erreicht hatte und sich somit im Alter eines eigenen vorläufigen Endversorgungsanspruchs befand, versuchen, diese Zwei-Raum-Wohnung gegen zwei Ein-Raum-Wohnungen zu tauschen, etwa mit zwei bislang alleinstehenden, nun jedoch ineinander verliebten und heiratswilligen Kollegen unterschiedlichen Geschlechts, deren demnächst gemeinsamen, also veränderten Endversorgungsanspruch das Wohnungsamt anerkannte, wenn diese beiden der zuständigen Bezirksbehörde der Ehegatten in spe zumindest die standesamtlich bestätigte Aufgebotsbestellung, noch besser den schriftlich beglaubigten Hochzeitstermin vorlegen konnten. – Tauschen, zweimal ein Zimmer gegen einmal zwei oder einmal drei gegen dreimal eins, das war immer eine feine Sache, auch für die Wohnungsämter. Die Buden waren schließlich vorhanden, mussten nur neu-, also umverteilt werden; ein Raum pro Nase: Endversorgt!

Größere Schwierigkeiten gab es mit den Arbeiterfamilien, die einem Arbeiter- und Bauern-Staat ja als besonders kostbar galten; leider waren die oft „kinderreich", bekamen eine „Orgelpfeife" nach der anderen. Doch die erforderlichen und theoretisch auch obligatorischen Zimmer, diese viereckigen Indizien für gewahrte Menschenwürde, die konnten die Arbeiterfrauen nicht auf die Welt und „unsere fleißigen Bauschaffenden" nicht so schnell zuwege bringen. Stattdessen erschienen die werktätigen Mütter oder Väter jeden Montag pünktlich zu Beginn der Sprechzeit auf dem Wohnungsamt, jammerten, bettelten, drohten mit Eingaben – bis zur „bitteren, amtsschimmligen" Endversorgung, die oft Jahre, Jahrzehnte sogar, auf sich warten ließ.

Keine Endversorgung brauchten hingegen hohe Parteifunktionäre, erfolgreiche Leistungssportler, wichtige Wissenschaftler, berühmte Künstler und sonstige „verdiente

Persönlichkeiten", denn die sonnten sich in einem Sonderstatus; keiner von denen hat je ein „Amt für Wohnraumlenkung" auch nur betreten müssen. Wie diese *Spitzenkräfte* an ihre Altbaupaläste oder Villen mit Gärten, oft verlassene „Westgrundstücke", gekommen sind, das allerdings war und ist ein wohlgehütetes Geheimnis.

Auch „normal sterbliche" *Genossenschaftsbauern* konnten sich der Endversorgung entziehen, richtiger jene unter ihnen, die das Glück hatten, von den Eltern oder Großeltern ein Haus geerbt zu haben, das sie dann fleißig ausbauten, nach unten, oben, links und rechts, soweit das Grundstück, das Geld und die meist schwarz organisierten Materialien langten, um den eigenen Kindern und Kindeskindern die Familiengründung zu erleichtern oder um dem Staat ein wenig zu helfen „bei der täglich besseren Erfüllung des Wohnungsbeschaffungsprogramms und der Lösung der immer anspruchsvolleren Aufgaben zur Hebung des Lebensstandards der stetig zahlreicher werdenden", aber – trotz beträchtlicher Kapazitätszuwächse infolge von bewilligten Ausreiseanträgen und ge- oder misslungenen Republikfluchten – bis zum Schluss *unterendversorgten* Bevölkerung der DDR.

Nein, für die Endversorgung hätte ich nicht einmal einen Stängel Sauerampfer übrig; im Gegenteil, ich würde alles, was auf ihrem Grab wüchse, ausreißen und das nunmehr verwüstete *Erdreich*, das ihren *Leichnam* bedeckte, einem armen, obdachlosen Maulwurf zuweisen.

DU WASSER, DU GÄNSEHAUT

Worte zum Roman, zu Europa, zur Zukunft etc.

Liquidität

Es heißt, du seist mitten in Europa entstanden, eine Erfindung des alten Kontinents wie die Demokratie oder der Pockenimpfstoff, oder auch die Daumenschraube und die Biometrie, dein Ursprung sei die mittelalterliche Romanze, doch seit die Zeitungen begonnen hätten, dich in ihren Feuilletons abzudrucken, seist du in den meisten denkbaren Formen aufgetreten, von Familiensagas voller Säbelrasseln und Samowaren bis zu Eigenbrötlern, die sich an gottverlassenen Ufern Steine in den Mund stopfen, ich persönlich träume von dir allerdings als einem Wasser, grenzenlos, und dennoch sammel- und kanalisierbar, ebenso oft schmutziger Meeresschaum wie aphrodisisches Putzwasser, denn ich glaube, du kannst die unterschiedlichsten Gestalten annehmen, ohne verloren zu gehen, oder anders gesagt, du enthältst Vielfältiges, wie Wasser in Wasser, und deshalb beschwöre ich dich, der du viele bist, als sei dein Zentrum überall, und als gebe es somit etwas, was dafür sorgt, dass du dir trotz deiner wechselnden Züge gleichst, und ich frage mich, ob diese haltbare Veränderlichkeit, die man auch Liquidität nennen könnte, nicht als dein größter Vorzug betrachtet werden muss, vielleicht ist sie sogar der einzige Grund, weiter an dich als selbständige Erkenntnisform zu

glauben, also anzunehmen, dass du auch im Zeitalter me-
dialen Überflusses eine Zukunft hast, und deshalb erlaube
mir, mich zu räuspern und zehn, hm, Gebote in Schlüssel-
wörtern für die Zukunft vorzuschlagen, geschrieben, wie es
sich gehört, auf Wasser – von denen das zweite nach deiner
Liquidität laute

Frist

Denn von allem, was du bist, scheint mir der Aufschub am
selbstverständlichsten, er sorgt dafür, dass man als Leser
allein sein kann, ohne sich einsam fühlen zu müssen, abge-
schieden, aber verbunden mit anderen Schicksalen, geschützt
und gleichwohl grenzenlos, und ich gestehe, dieses offene
Asyl gehört für mich zum Besten an dir, gut möglich, dass
es sich sogar als eine Aufenthaltsgenehmigung im staatenlosen Reich der Buchstaben betrachten lässt, im Prinzip für
jeden zugänglich, eine dehnbare Dimension, in der die Vergangenheit im Gegensatz zum wirklichen Leben niemals
vorbei ist, die Zukunft selten sicher erscheint und die
Gegenwart keinesfalls eine einzige ist, sodass die drei Zeit-
formen gemeinsam ein viertes Tempus bilden, das, so mein
Verdacht, dein eigenes sein könnte, und sicher liegt es nahe,
es als eine Gnadenfrist jener Art zu betrachten, wie sie die
grauhaarige Meisterin deiner Zunft, Scheherazade, erwirkte,
als es ihr Nacht für Nacht gelang, das Unvermeidliche auf-
zuschieben, bis die Verwicklungen so zahlreich und die
Vertraulichkeiten so zuverlässig waren, dass der König
kapitulierte und das Todesurteil in eine Hochzeit umwan-
delte, wodurch sich der Tod, von dem du im Übrigen auch
handeln musst, als mit Worten bezwingbar erweist, aber ich
bin mir nicht sicher, dass man sich heute noch auf glück-

liche Enden verlassen kann, jedenfalls nicht, wenn du als eigenständige Erkenntnisform betrachtet werden sollst, außerdem ist eine Frist ja nicht nur der Zeitraum, in dem ein Mensch aufatmet, sondern kann auch ein weitaus weniger befreiender Limbus sein – wie etwa der so genannte „Gewahrsam", eine Anlage zwischen den Cateringfirmen und Logistikunternehmen am Flughafen Arlanda vor den Toren Stockholms, wo Flüchtlinge darauf warten, „nach Hause fahren zu dürfen", wie die Behörden es ausdrücken, eine eher beschönigende Umschreibung, denn der Ausgang steht fest, sobald sie dort die Schwelle übertreten haben, weshalb man sagen muss, dass sie letztlich nur auf die Deportation, oder „Rückführung" warten, wie der offizielle Begriff lautet, was das Heimweh, das als das Grundmotiv in der epischen Tradition gilt, aus der du entstanden bist, als Strafurteil erscheinen lässt, denn wenn es etwas gäbe, wohin sich zurückkehren ließe, zum Beispiel ein Heimatland, hieße dies ja, dass es die Minimalanforderung an ein Zuhause erfüllen würde, folglich in der Lage wäre, sich um seine Bürger zu kümmern.

Kontrast

Aber so ist es nicht und diese Verdrehung der Sprache ist eine Perversion, von der sich kein Idiom freizumachen vermag, nicht ganz, weil es in der Natur der Sprache liegt, nicht nur darzustellen, sondern auch zu entstellen, worüber sie spricht, sodass die Verdrehung als die Kehrseite jener Veränderlichkeit betrachtet werden könnte, in der ich deinen vornehmsten Vorzug sehe, denn nur durch Widersprüche bekommt die Wirklichkeit Kontrast, womit ich übrigens beim dritten Gebot bin, und deshalb meine ich, dass du nicht als ein Medium behandelt werden sollst, mit dem Worte von schmutzigem Gebrauch reingewaschen werden, selbst wenn dies eine noch so noble Aufgabe für Wasser wäre, sondern vielmehr als die Kontrastflüssigkeit, mit der – die politischen oder anderen – Bedingungen für die Verdrehung hervortreten, zum Beispiel die Gründe dafür, dass das Personal im Gewahrsam von „würdevollen" Rückführungen spricht, womit der Augenblick gemeint ist, in dem ein Flüchtling schließlich „fühlt, dass es okay ist, in sein Heimatland zurückzufahren", wie es auch heißt, und man die Deportation also endlich als ein gemeinsames Ziel betrachten kann, während es in Wahrheit darum geht, eine rechtliche und rhetorische Situation zu konstruieren, die nur einen Ausgang haben kann, und es sich also nicht um einen Gewahrsam, sondern eher um eine Falle handelt, wenn auch juristisch unbestechlich, in der jede Handlung, die die Bedingungen nicht bestätigt, früher oder später kriminalisiert wird, was übrigens der Grund dafür ist, dass die Behörden Flüchtlingen, die ihren Pass verloren haben, so selten glauben, da eine Person ohne Ausweis nicht ausgewiesen werden kann, zumindest nicht in ihr so genanntes Heimatland, sondern in den ersten EU-Staat zurückgeschickt wird, in den sie ihren Fuß setzte – was in den meisten Fällen ein Mitgliedsland am Rande der Union bedeutet, beispielsweise Griechenland oder Spanien, deren Exklaven Melilla und Ceuta in Nordafrika besonders beliebt sind als erstes Ziel für „die", womit die sogenannten Migranten gemeint sind, was in der Praxis bedeutet, dass die Kernstaaten der Union einen juristischen Wallgraben um sich erschaffen haben, der sie vor Eindringlingen schützt, und damit wäre ich bei der Frage der

Perspektive

An einem Ort wie dem Gewahrsam bildet dieses „die" den kleinsten gemeinsamen Nenner für die somalischen Mütter und afghanischen Jugendlichen und irakischen Väter und syrischen Kinder und kurdischen Großeltern, die alle darauf warten, zu „fühlen, dass es okay ist, in sein Heimatland zurückzufahren", und so gezwungen werden, sich in der boshaftesten Art von Nostalgie zu üben, und ich frage mich, ob „die", die es anderen übrigens ermöglichen, sich „wir" zu nennen, nicht ein Teil jenes „stillen Gepäcks" sind, das die Literatur Herta Müller zufolge zum Sprechen bringen soll, denn was bedeutet „die" denn anderes als eine Nicht-Zugehörigkeit, und demnach eine Unterscheidung zwischen Einheimischen und Fremden, verständlich Gesagtem und barbarischem Gebrabbel oder wie sonst das Verhältnis im Laufe der Jahrhunderte qualvoller Distinktionen formuliert wurde, die wir nur zu gut kennen, und folglich muss jemand, der das stille Gepäck ernsthaft zum Sprechen bringen möchte, die Verantwortung für den Inhalt übernehmen, wenn auch nur in geringem Maße, was wiederum heißt, „die" werden als „wir" betrachtet, und sei es auch nur in geringem Maße, und damit ist der Perspektivismus nach wie vor eines deiner besten Mittel, um widersprüchliche Zusammenhänge darzustellen.

Legion (take one)

Übrigens ist er auch der Grund dafür, dass eine der einfältigeren Ideen der jüngeren Vergangenheit in dem Versuch bestand, „Europa eine Seele zu geben", was einer der sogenannten Väter der Union als deren wichtigste Aufgabe betrachtete, zumindest bis gewisse Mitgliedsstaaten einen etwas kreativen Umgang mit Subventionen und Steuervorschriften an den Tag legten, „donner une âme à l'Europe" lautete nämlich der Slogan, mit dem Jacques Delors zu einer kulturellen Konsolidierung des Kontinents aufrief, ein Vorsatz, den er sicherlich ehrlich gemeint hat, jedenfalls war er der Meinung, eine gemeinsame Identität müsse jenseits von Schengener Abkommen und Währungszonen entwickelt werden, sonst drohten Einzelinteressen die Union zu sprengen, aber die Vorgehensweise war mit Verlaub naiv, denn man muss sich nicht nur fragen, ob sich eine „Seele" verordnen lässt, als handelte es sich um Sparmaßnahmen oder Penicillin, von oben herab, es dürfte wohl auch erlaubt sein, in Frage zu stellen, ob Europa nur eine Seele hat oder nicht eher aus vielen besteht, jedenfalls ist es vielleicht an der Zeit, die Pflege von Vielfalt, und damit von Unterschieden, als Teil des europäischen Erbes zu betrachten, sodass es möglicherweise einfacher wäre, Vorstellungen von einer Seele zu vergessen und stattdessen von Legion zu sprechen, so das fünfte Gebot, und nur weil das Wort selten ein und dasselbe bedeutet, darf es zudem auch das sechste sein.

Legion (take two)

Bekanntlich taucht die Bezeichnung in einer Szene in der Bibel auf, übrigens einer anderen deiner Urquellen, in der Jesus, nachdem er an einem fremden Ufer an Land gegangen ist, einem Mann begegnet, „der seine Wohnung in den Grüften hat", wo er besessen von einem „unreinen Geist" sich selbst mit Steinen schlägt und sich „nicht mit einer Kette" fesseln lässt, kurzum: Wir stehen einem Prachtexemplar eines schwer zu integrierenden Menschen gegenüber, nicht nur selbstzerstörerisch, sondern auch unter den Toten daheim, der auf die Frage nach seinem Namen antwortet: „Legion ist mein Name, denn wir sind viele", und ich frage mich, ob das nicht das Motto für Europa als literarischer Kontinent sein könnte, jedenfalls muss ich nun ein Geheimnis verraten, da ich den Verdacht hege, dass die Aussage eine Miniversion wenn schon nicht unseres Kontinents, so doch zumindest deines genetischen Codes enthält, denn in dieser Äußerung geschieht etwas nach der Behauptung, aber vor der Schlussfolgerung, es scheint eine Verzerrung im Herzen des Satzes zu geben, wodurch die Person, die anfangs spricht, nicht die ist, die den Satz beendet, weil sich der Sprechende zwischen dem ersten und dem zweiten Glied von jemandem, der „mein" sagen kann, in jemanden verwandelt, der sich „wir" nennt, und ist es nicht genau das, was du tust, du verwandelst jedes einzelne „ich" in etwas von einem „wir", denn als Leser muss man sich in jede einzelne Person versetzen, die zur Sprache kommt, wenn auch nur ein bisschen, und damit erweitert sie sich zu einer Vielzahl, was bedeutet, dass die Verzerrung nicht im Gegensatz zur Veränderung steht, sondern eher mit ihr koexistiert, und in dieser Verwandlung, die ich meine, somit dein Versprechen an den Leser liegt und bedeutet, dass keiner, der bei dir eine Frist sucht, dich als derselbe Mensch verlassen muss, dass es in dieser Verwandlung also eine erschaffende und eine auflösende Kraft gibt, und wenn du nicht bloß der Zerstreuung dienen, sondern eine eigenständige Erkenntnisform sein willst, kannst du dich nicht einfach damit begnügen, mehr oder weniger gut verpackte Bearbeitungen dringlicher sogenannter „Themen" anzubieten, sondern musst dich von Erwartungen daran freimachen, was du bist oder sein sollst, und stattdessen damit überraschen, was du werden kannst – nichts anderes bedeutet jedenfalls das siebte Gebot, woran ich denke, wenn ich an dich denke, nämlich

Das Papierlose

Was eine andere Bezeichnung wäre für „das stille Gepäck", das du zwischen Buchdeckeln auspackst, zumindest wenn man mit Literatur einen Weg meint, etwas weiter zu gehen, als die Sprache eigentlich erlaubt, und somit eine Erkenntnisform, die sich behauptet, wo Erinnerung und Vernunft nicht genügen, und natürlich ist mir bewusst, dass mit Menschen „ohne Papiere", also papierlosen Menschen, im Allgemeinen Personen gemeint sind, die ihre Identität nicht mit den dazu erforderlichen Dokumenten nachweisen können oder wollen, was in manchen Teilen Europas zu einem Status geworden ist, der nur einen Atemhauch von den „Vogelfreien" des Mittelalters entfernt ist, aber dieser Zustand ohne Papiere rührt auch an etwas Wichtigem bei dir, der du entstanden bist, als die Druckerpresse begann, Buchstaben auf Zellulose zu vervielfältigen, denn liegt es nicht in deiner Natur, zu versuchen, dir das noch Unbeschriebene einzuverleiben, das in gewissem Sinne nicht Legitimierte, vielleicht auch Illegitime, was natürlich nicht heißt, dass diese menschlichen Erfahrungen ungelebt wären, sondern nur, dass sie bislang unformuliert geblieben sind, und ich möchte behaupten, dieser Wunsch, dem Papierlosen Worte zu verleihen, gehört zu deiner Daseinsweise, ja dass du, wenn du dich selber ernst nimmst, mit allen Mitteln auszudrücken anstrebst, was es noch nicht auf Papier gab, und streng genommen kenne ich keinen besseren Grund für deine Existenz.

Vergänglichkeit

Ich gehöre jedenfalls nicht zu denen, die glauben, du seist unsterblich, also eine Ausdrucksform, die für alle Zeit gegeben, bekannt und nicht mehr fortzudenken sei, denn immerhin sind lediglich ein paar hundert Jahre vergangen, seit du deine heutige Gestalt bekamst, und was sagt uns, dass du in dieser Form weiterleben musst, im Gegenteil, ich glaube an deine wassergleiche Fähigkeit, neue Gestalten anzunehmen, dein größter Vorzug bleibt deine Liquidität, und vielleicht sorgt nur das Vertrauen auf sie für dein Überleben, als könne der Glaube an die Vergänglichkeit dich tatsächlich retten, was übrigens mein achtes Gebot wäre, diese Vergänglichkeit, da ich annehme, nur wenn du von ihr ausgehst, hast du dem Leser mehr zu bieten als eine Erzählung und wirst zu einem narrativen Bewusstsein, geräumig genug, um eine heimliche Menschlichkeit zu enthalten, und Hand aufs Herz ist es doch das, worum sich alles dreht, nämlich

Teilnahme

Womit ich bei meinem neunten Gebot wäre, dieser Teilnahme, von der Brecht sprach, als er sich den Menschen nicht als „Individuum", sondern „Dividuum" vorstellte, mit anderen Worten nicht als existentielles, sondern soziales Wesen, denn zwar weiß selbst das Personal des Gewahrsams, dass die Rechte eines Menschen universal sind, und er folglich als unantastbar und unteilbar, also als Individuum behandelt werden muss, aber als soziales Wesen besteht er aus Bindungen, ist er ebenso sehr Atom wie Molekül, und so stelle ich mir ein narratives Bewusstsein vor, als etwas, das zugleich größer und kleiner ist als das Ego, und deshalb immer klüger als sein Urheber, will sagen eine aus Bindungen bestehende Schöpfung, und ich frage mich, ob dies nicht heißt, dass du im Idealfall ein Text sein sollst, bei dem sich das Zentrum überall befindet, zumindest gestehe ich gern, dies wäre mein heimlichster Traum, *dieser Text, in dem sich das Zentrum überall befindet,* denn nur so erscheint es möglich, der Welt in ihrem verwirrenden Reichtum gerecht zu werden, und auch die Leichtigkeit und Freude in einem Dasein einzufangen, das gleichzeitig eine Hölle ist, Hoffnung ist trotz allem etwas anderes als ein glückliches Ende, und trotz allem geht es ja nicht darum, Personen zum Leben zu erwecken, die man sich ausgedacht hat, sondern darum, Leben in Bewegung zu setzen, doch nun fragt sich der Ordnungsliebende sicher, ob es solche Bücher gebe, oder ob sie zukünftig geschrieben werden, und was weiß ich, vielleicht ist das nur ein papierloser Wunschtraum, aber die beste Art, die Zukunft vorherzusagen, dürfte wohl immer noch sein, sie zu erfinden, und ich bekenne, dass ich als Leser seit langem einer Prosa überdrüssig bin, die beweist, was wir nicht kennen, aber gleichwohl schon wissen, all dieser wohlerzogenen Erzählungen, lobenswerten Schulaufsätzen ähnelnd, in denen die Themen und Personen ausgetauscht werden, die Konventionen jedoch unverändert bleiben, als wäre in der Epik in den letzten hundert Jahren nichts geschehen, und ich frage mich wirklich, ob es so sein muss, ich begreife nicht, warum du nicht ebenso gut ein Katalog über Atemzüge sein könntest, so einzeln und vergänglich wie liebevoll beschrieben, oder sieben Fälle von Schmerz, verteilt auf achteinhalb Wesen, denn die Pointe muss doch sein, dass die Literatur keine Pyjamaparty ist, bei der unsere gierige Sehnsucht nach bequemer Zusammengehörigkeit das Gespür für Komplikation ersetzt, aber nun höre ich den Ordnungsliebenden ungeduldig mit den Füßen scharren, und na schön, lass mich eine gute Handvoll Titel in ebenso vielen Sprachen nennen, bei denen ich ahne, dass sich das Zentrum überall befindet, lass mich tun, was kein Schriftsteller mit Selbsterhaltungstrieb tun sollte und Herta Müllers *Die Atemschaukel*, Mircea Cărtărescus *Orbitór*-Trilogie, Nina Bouraouis *Mes mauvaises pensées*, Aleksandar Hemons *Die Sache mit Bruno*, Sara Stridsbergs *Traumfabrik* und Andrzej Stasiuks *Unterwegs nach Babadag* nennen, Bücher, die alle seit der Jahrtausendwende erschienen sind und in denen der Leser jeweils einem narrativen Bewusstsein begegnet, das ihn eine Gänsehaut bekommen lässt, es ist, als spreche in diesen Texten Legion, und dann ist es ehrlich gesagt völlig unerheblich, ob sie in ukrainischen Arbeitslagern oder auf den Sofas französischer Analytiker spielen, in albanischen Dörfern oder rumänischen Mietskasernen, hier spricht das früher ohne Papier Existierende *über* und *zu* seinen Bedingungen – und wie wäre es, um endlich zum zehnten zu kommen, woran ich denke, sobald ich an dich denke, wenn man dies als die deutlichste Art betrachten würde, in der die Literatur Evidenz erzeugt, diese

Gänsehaut

Nein, ich meine nicht, dass erzählende Prosa Thesen beweisen soll, noch weniger, dass ihre Aufgabe darin besteht, Wahrheiten zu verkünden, so wichtig sie auch sein mögen, aber wenn sie uns wirklich angeht, vermittelt sie ein Gefühl von Unabweisbarkeit, sie enthält etwas, wogegen wir uns als Leser nicht wehren können, eine Unruhe oder Aufgeregt-

heit, vielleicht Bestürzung, womöglich Begeisterung, jedenfalls etwas, was einer verheißungsvollen Anomalie gleicht,
und wir entdecken, dass wir auf irgendeine verborgene Art
zutiefst vertraut mit ihr sind, was unsere Gänsehaut nicht
gerade abschwächt, sondern uns entdecken lässt, dass uns
keine andere Wahl bleibt, wir müssen sie als Teil unserer
Daseinsweise betrachten, als wisse die Literatur tatsächlich
mehr über uns als wir selbst, und ich glaube, wenn die Pro-
sakunst in Zukunft relevant sein will, muss sie solche Evidenz erschaffen, mit allen dir zu Gebote stehenden Mitteln,
sie muss Gänsehautproduzent werden, denn ist die pri-
ckelnde Haut nicht die Entsprechung des Körpers zu einem
Text, in dem sich das Zentrum überall befindet, diese unzähligen winzigen Erhebungen, die jede für sich einen eigenstän-
digen Mittelpunkt bilden, was übrigens der Grund dafür ist,
dass es bei der Produktion von Sinn in der Literatur niemals
um Wachstum, sondern um Überschuss geht, und ich stelle
mir vor, dass du nicht weniger als das versprichst, Roman,
über den ich die ganze Zeit spreche, als könnte man von dir
als einer Person sprechen, du haarsträubender Überschuss
von Bedeutung, und deshalb erlaube ich mir, ein elftes, über-
zähliges Gebot hinzuzufügen, nämlich

Überraschung

Denn du bist keine sichere „Bleibe" oder „Unterkunft",
weder „Unterschlupf" noch „Bauwerk", was einige der
Worte sind, auf die ich stoße, als ich nach Synonymen für
„Haus" suche, und am allerwenigsten eine „Festung", will
sagen eine Konstruktion, deren vordringlichste Aufgabe
darin bestünde, vor Eindringen zu schützen, mit anderen
Worten den Status quo zu wahren, im Gegenteil, du bist ein

seelischer Aggregatzustand, nenne ihn Legion oder narratives Bewusstsein, weshalb du möglicherweise als Kollektivroman ohne Kollektiv betrachtet werden solltest, dennoch wollen es die Umstände, dass ich über dich in Verbindung mit dem „Haus Europa" nachdenke, aber dieser sprunghaften Litanei lässt sich vermutlich entnehmen, dass ich mir dich nicht als permanent oder uneinnehmbar, abgegrenzt oder exklusiv vorstellen kann, und auch nicht, dass du dich über noch unbekannte, papierlose Gebiete menschlicher Erfahrung erhebst wie der geflügelte Pegasus, der dereinst aus dem Meer entstand, dieses mythische Pferd, das von Poseidon und Medusa gezeugt wurde und traditionell als Symbol für die Dichtkunst gilt, lieber glaube ich, dass du etwas durchaus Bodenständiges und von Menschen Erschaffenes und bereits mitten unter uns bist, als Verheißung oder Fluch, jenem eigentümlichen Gegenstand gleich, eher Flickwerk als Fabelwesen, der eines Tages nach Troja hineingerollt wurde – ein staubiges Pferd, das mehr enthielt, als irgendwer sich hätte vorstellen können, das zu Traum und Trauma wurde, und ich denke mir, dies könnte dein Totemtier sein, du eigentümliche Verheißung von Erfolg und Zerstörung, du haarsträubende Überraschung, und wenn man bedenkt, dass du im Anbeginn der Sage an der kleinasiatischen Küste standest, wird offensichtlich, dass dein Zentrum nicht in Europa zu liegen braucht, sondern überall sein kann, was dich zugleich bedroht und bedrohlich sein lässt, und deshalb unendlich begehrenswert, was letztlich das einzige ist, was ich eigentlich die ganze Zeit denke, wenn ich an dich denke.

Aus dem Schwedischen von Paul Berf

Anmerkung:

Einige Informationen stammen aus Björn Hedlunds Streit-schrift *Die Mauern des Forts* (Stockholm: Atlas, 2012). Herta Müllers Eröffnungsrede auf der Göteborger Buch-messe 2011 trägt den Titel „Das stille Gepäck zum Reden bringen". Brechts Bemerkungen über den Menschen als „Dividuum" finden sich in „Marxistische Studien", *Ge-sammelte Werke* (Frankfurt am Main: Suhrkamp, 1967), Band 20, Seite 60.

Martin Pollack

MEINE FREUNDE, DIE DIPIS

Als ich mit zehn Jahren ins Internat kam, war er einer der ersten, dem ich begegnete. Ein großer, stämmiger Junge mit Hut, vielleicht sechzehn Jahre alt. Es war vor allem der Hut, der ihn in meinen Augen erwachsen erscheinen ließ. Dass ein Junge einen Hut trug, war damals ungewöhnlich, beinahe unerhört. Hüte waren etwas für ältere Männer, auch für Frauen – Kinder oder Jugendliche mit einer solchen Kopfbedeckung wirkten lächerlich, herausgeputzt und affig. Nicht so der Junge, von dem hier die Rede ist. Er hatte überhaupt nichts Lächerliches an sich, im Gegenteil, er sah imponierend aus. Mit oder ohne Hut. Er war Russe und hieß Nikolaj Isotow, wurde jedoch von allen nur Nik genannt.

Zu jener Zeit, das war Mitte der fünfziger Jahre des vorigen Jahrhunderts, gab es in meiner Internatsschule zahlreiche Flüchtlingskinder, Russen, Ukrainer, Weißrussen, Jugoslawen, Bulgaren, Ungarn und auch so genannte Volksdeutsche. Kinder oder Jugendliche, die der Krieg mit ihren Eltern, falls sie noch welche hatten, nach Österreich verschlagen hatte. Es gab auch genug Waisen unter ihnen. Zumeist lebten sie in Lagern, Barackensiedlungen, auch Bretteldörfer genannt, weil die Baracken aus einfachen Brettern, im österreichischen Volksmund Bretteln, zusammengezimmert waren. Dort warteten sie, von Hilfsorganisationen notdürftig versorgt, auf die Weiterreise nach Übersee, in die USA, nach Kanada oder Australien, um sich in der fremden Welt eine neue Existenz aufzubauen. Flüchtlinge und Vertriebene. In der Amtssprache hießen diese Menschen *Displaced Persons*, kurz DPs, weil sie sich, infolge des Krieges, außerhalb ihres Heimatlandes befanden und aus eigenen Mitteln nicht zurückkehren konnten. Wir nannten sie Dipis, was in kindlichen Ohren lustig klang, obwohl sie in ihrem von Not und Elend geprägten Alltag wenig zu lachen hatten. Die amerikanischen Behörden, die den Begriff *Displaced Persons* geprägt hatten, schätzten ihre Zahl in Europa bei Kriegsende auf mindestens 11 Millionen.

Nik war einer von ihnen. Seine Eltern lebten in einem Lager in der Nähe der Stadt Salzburg, weit weg von unserem Internat, das sich im Pinzgau befand, in einem spärlich besiedelten Tal in den Bergen, den Hohen Tauern, sieben Kilometer vom nächsten Dorf entfernt. Nach der Örtlichkeit nannten wir unsere Schule fast liebevoll Felbertal. Das Leben im Lager hatte die Flüchtlingskinder selbständig gemacht, was ihnen nun zugute kam. In den ersten Jahren war das Leben im Felbertal rau und entbehrungsreich, doch das konnte den Dipis unter uns wenig anhaben. Sie waren gedrückte Verhältnisse gewöhnt. Gewiss waren die Zustände im Internat, die spartanischen Wohnbedingungen, das karge Essen, immer noch besser als im Lager. Sie waren früh erwachsen geworden und obendrein meist älter als wir, die aus österreichischen (oder deutschen) Familien stammten. Allerdings kann ich mich nicht erinnern, dass sie uns das je spüren ließen. Ich hatte gute Freunde unter ihnen.

Nik war kein Freund, er war jemand, zu dem ich aufschaute, den ich restlos bewunderte. Für mich war er ein Riese, vor allem riesig stark, dabei unglaublich sanft. Ein sanfter, gutmütiger Riese. Vor Kurzem nahm ich wieder einmal ein Buch zur Hand, das unsere damalige Naturgeschichtslehrerin über die Anfänge im Felbertal geschrieben hat. Dort findet auch Nik Erwähnung. Die Lektüre und die zahlreichen Bilder haben meine Erinnerung aufgefrischt.

Obwohl Nik, wie alle Kinder aus Flüchtlingsfamilien, sozial und materiell alles andere als gut gestellt war, wirkte er unglaublich selbstsicher. Er ließ sich nur ungern etwas sagen, besonders von Älteren, voran Lehrern. Hier ist anzumerken, dass an unserer Schule in jenen frühen Jahren wirklich basisdemokratische Verhältnisse herrschten, sodass sein eigensinniges, ja stures Verhalten nicht weiter auffiel. Wir waren mit allen Lehrern per Du und betrachteten sie eher als ältere Kameraden denn als Autoritätspersonen. Nik schien von Autoritäten wenig zu halten, dazu kam, dass er felsenfest überzeugt war von der Überlegenheit der Russen in allen Belangen, auf dem Gebiet der Wissenschaft ebenso wie der Kultur oder der Sitten. Alles Russische war seiner Ansicht nach von vornherein besser. Daher war es nur logisch, dass er meinte, alles besser zu wissen oder zu können. Auf Ratschläge und Belehrungen reagierte er für gewöhnlich mit einem Spruch, der bald zu einem geflügelten Wort in der Schule wurde: „Hab' ich eigene Methode!"

Auch sonst war der junge Mann recht eigenwillig, allerdings konnte er auch witzig sein. Wie alle Russen, die das Felbertal besuchten, war Nik orthodox. Da es keinen orthodoxen Priester gab, nahm er nach Lust und Laune am katholischen Religionsunterricht und der Messe teil. Auch im Unterricht trug er gern den Hut, von dem keiner wusste, von wo er den hatte. Aus Russland hatte er den wohl nicht mitgebracht. Als Nik einmal bei einer feierlichen Maiandacht mit Hut auftauchte, machte ihn der Pfarrer freundlich darauf aufmerksam, dass männliche Gläubige in unseren Breiten während des Gottesdienstes üblicherweise die Kopfbedeckung abnehmen. Darauf Nik trocken: „Is' Segen gut, geht auch durch Chut!"

Dass im Felbertal so viele Flüchtlingskinder Aufnahme fanden, hatte einen einfachen Grund. Die Schule war bitter arm und bekam in den ersten Jahren vom Weltkirchenrat, einem Zusammenschluss der großen evangelischen, anglikanischen, altkatholischen und orthodoxen Kirchen, die notwendigsten Mittel, meist in Form von Sachspenden. Feldbetten, Decken, auch Nahrungsmittel. Ich erinnere mich an große Holzfässer mit Trockenmilch, Käse (der schrecklich schmeckte) oder dunkelroter Rübenmarmelade und andere suspekte Lebensmittel, die die Amerikaner mit gutem Grund aus ihren Lagerbeständen aussortiert hatten. Vermutlich hatten sich die verwöhnten GIs geweigert, das Zeug zu essen. Für diese Gaben musste sich die Schule verpflichten, neben Österreichern je ein Drittel Flüchtlingskinder und Kinder von so genannten Volksdeutschen aufzunehmen. Das ergab eine interessante Mischung.

Die Jugendlichen mit Migrationshintergrund, wie man sie heute nennen würde, konnten auf Grund sprachlicher Probleme und vielleicht auch mangelnder Schulbildung nicht dem normalen Gymnasialunterricht folgen und wurden gesondert unterrichtet, doch im Internatsalltag waren sie bestens integriert. Da zählten andere Fähigkeiten, körperliche Kraft, Geschicklichkeit, auch soziale Kompetenzen wie Kameradschaft, um einen verstaubten, beinahe anrüchig klingenden Ausdruck zu verwenden. Darin waren sie uns mindestens ebenbürtig. Keiner schaute auf sie herunter, weil sie vielleicht schlechter gekleidet waren als wir. Wir kamen alle ziemlich abgerissen daher. Das gehörte sich so.

Es wäre auch keinem in den Sinn gekommen, ihnen ihre Herkunft vorzuhalten oder sie deshalb zu verhöhnen. Das war zehn Jahre nach Kriegsende, die sowjetische Armee genoss in Österreich keinen guten Ruf, die Russen verbreiteten auch als Besatzungsmacht Angst und Schrecken, aber niemandem wäre es eingefallen, diese (nicht ganz unberechtigten) Vorbehalte auf „unsere" Russen zu übertragen. Wir bewunderten sie, weil sie vieles besser konnten als wir, zum Beispiel Messerwerfen. Das war damals große Mode im Felbertal, und darin waren sie Meister. Jeder von ihnen hatte ein riesiges Messer, mit dem er unablässig übte. Das war nicht ungefährlich, doch es kam meines Wissens nie zu schwereren Unfällen. Vielleicht wurde einmal eine Zehe von einem geworfenen Messer durchbohrt, mehr nicht.

Natürlich waren die in Lagern aufgewachsenen Jugendlichen manchmal geneigt, Grenzen zu überschreiten, die wir nicht zu übertreten gewagt hätten. Ich weiß noch, wie wir einmal übers Wochenende, nur mit alten amerikanischen Armeeschlafsäcken ausgerüstet, lagern gingen, irgendwo weit hinten im Tal. Lagern war eine beliebte Freizeitbeschäftigung, wir wanderten, kletterten in den Bergen herum, suchten nach alten Bergwerksstollen, von denen es in der Gegend viele gab, und gegen Abend schlugen wir dann unser Lager auf. Sonst gab es nicht viel zu tun, kein Kino, kein Fernsehen, keinen Computer, keine anderen Vergnügungen, das nächste Kaffeehaus war sieben Kilometer entfernt, und dort war auch nicht viel los. Außerdem konnten wir uns einen Kaffeehausbesuch nur selten leisten. An jenem Wochenende hatte sich einer der Russen uns angeschlossen, Alexander Poscharow, von uns kurz Poschar genannt. Ein hoch aufgeschossener, schlaksiger, immer lustiger Kerl. Ein guter Boxer. Als wir unser Lagerfeuer entzündet hatten und die mageren, in der Küche erbettelten Vorräte auspackten, deutete Poschar mit glänzenden Augen auf eine Ziege, die unvorsichtigerweise in der Nähe Blätter von einem Busch rupfte. Er zückte sein Messer und machte sich daran, das arme Tier ohne viele Umstände zu schlachten. Es bedurfte einiger Überredungskünste und am Ende physischer Gewalt, um ihn davon abzuhalten. Er konnte nicht begreifen, was so schlimm an seinem Vorhaben sein sollte, das schließlich uns allen zugute kommen würde. Da war die Ziege, weit und breit war keine Hirte zu sehen, er verfügte über ein scharfes Messer, wir alle waren hungrig und saßen um ein hoch loderndes Feuer, geradezu ideal, um ein schönes Stück Fleisch zu braten. Wo war das Problem?

Wir haben damals nicht darüber nachgedacht, ob die russischen, ukrainischen, weißrussischen Flüchtlingskinder wie Nik, Poschar, Krill, Anatol, Lebedew, den wir Schklar nannten, Milan, Senteff und wie sie alle hießen, Europäer waren oder nicht. Das war für uns ohne Bedeutung. Wir akzeptierten sie so wie sie waren, mit ihrem gebrochenen Deutsch und ihrem kulturellen Hintergrund, der sich natürlich von unserem unterschied. Unser Kontinent war nach dem Krieg zerrissen, zerteilt, geographisch, aber vor allem politisch, doch in unseren Köpfen existierten diese Teilungen und die dadurch heraufbeschworenen Probleme nicht. Ich will hier nichts idealisieren, aber damals war uns offenbar nicht bewusst, dass es da etwas gab, was uns trennte, obwohl viele von uns – ich spreche von den Österreichern und den Deutschen im Felbertal – im Elternhaus eine entsprechende Prägung erfahren hatten. Zu Hause hörten wir abfällige, verächtliche, oft hasserfüllte Bemerkungen über Russen, Polen, Jugoslawen, über alle Osteuropäer und Dipis, egal, aus welchem entfernten Winkel Europas sie stammten. Von den Eltern, den Großeltern wurden wir gefüttert mit fremdenfeindlichen Klischees und Vorurteilen. Wie kam es, dass wir diese negativen Vorstellungen und Ängste nicht mitnahmen ins Internat? Ich kann mich jedenfalls nicht erinnern, im Felbertal je solche Ressentiments gespürt zu haben. Dabei gab es neben Russen, Ukrainern und Bulgaren auch genug Volksdeutsche, etwa aus Siebenbürgen, deren Eltern vor den Russen geflüchtet waren. Doch von diesen noch frischen Konflikten war wenig, eigentlich gar nichts zu spüren, obwohl wir hautnah mit der düsteren Nachkriegswirklichkeit konfrontiert waren.

Andererseits interessierten wir uns auch nicht für die Herkunft, die Geschichte, die Erinnerungen der Flüchtlingskinder, mit denen wir einige Zeit auf engem Raum zusammenlebten und die wir als Freunde betrachteten. Sie hatten viel gesehen und am eigenen Leib erlebt, zahlreiche Entbehrungen und vermutlich auch Grausamkeiten, von denen wir uns keine Vorstellungen machten. Die Tatsache, dass ein Teil meiner Familie tief in die Verbrechen des Nationalsozialismus verstrickt und mein Vater als Kriegsverbrecher auf der Flucht ums Leben gekommen war, änderte nichts (jedenfalls nicht viel) an meinem persönlichen Behütetsein. Vielleicht waren auch die Väter von Nik oder Poschar zu Tätern geworden, schon möglich, doch die Grenzen zwischen Tätern und Opfern waren gerade in den Regionen, aus denen sie kamen, oft fließend, heute Täter und morgen Opfer oder umgekehrt. In diesen Gebieten hatten zwei totalitäre Regime gewütet und tiefe Wunden hinterlassen, von denen manche bis heute nicht verheilt sind. Umsiedlungen, Vertreibungen, Deportationen, Fluchten, Genozide hatten die Erfahrungen ganzer Generationen geprägt, auch die der Eltern meiner Freunde. Von all dem hatte ich, hatten wir damals keine Ahnung, damit sollte ich mich erst viele Jahre später auseinandersetzen.

Vielleicht war diese Ignoranz darauf zurückzuführen, dass Flüchtlinge, Vertriebene, *Displaced Persons*, Dipis in meiner Kindheit nichts Außergewöhnliches waren, sondern zum Alltag gehörten. Man begegnete ihnen überall in Österreich, in großen und kleinen Städten, auf dem Land, sogar auf dem einschichtigen Hof im Ennstal in der Steiermark, wohin ich mit meiner Mutter, meinen Geschwistern und dem Stiefvater evakuiert wurde, nachdem unser Haus in Linz durch amerikanische Bomben zerstört worden war. Wir lebten dort bis 1948. Zusammen mit einer Familie von Volksdeutschen, von denen mir nur ein Junge namens Uwe, ein paar Jahre älter als ich, im Gedächtnis geblieben ist. Sie waren bitter arm, ärmlich gekleidet. Aber auch wir waren arm. Was diese Menschen anders erscheinen ließ, war vor allem die Tatsache, dass sie nirgends zu Hause waren. Wir waren evakuiert, so wie sie, doch im Gegensatz zu ihnen wussten wir, dass wir in absehbarer Zeit wieder nach Hause zurückkehren konnten. Viele Dipis hingegen konnten oder wollten nicht mehr dorthin zurück, von wo sie gekommen waren, in ihren Dörfern, ihren Häusern wohnten jetzt andere Menschen, in vielen Fällen ehemalige Nachbarn. Sie unterschieden sich auch durch ihre Sprache von uns, die meisten Flüchtlinge sprachen kaum oder nur gebrochen Deutsch, während die Volksdeutschen durch ihren Akzent und ihren eigentümlichen Wortschatz auffielen, den sie aus dem Banat, aus Siebenbürgen, aus der Batschka, aus Schlesien, aus den Karpaten mitgebracht hatten.

Kurz nach dem Krieg zogen viele dieser heimatlos gewordenen Menschen scheinbar ziellos umher, manche mit

Kind und Kegel, ständig auf der Suche nach einem kleinen Stück Normalität in einer in Trümmer geschlagenen Welt, nach etwas Sicherheit, einem Dach über dem Kopf, einer warmen Mahlzeit, einem ordentlichen Paar Schuhe, weil die alten auf der langen Wanderung quer durch Europa in Fetzen gefallen waren.

Es gab verschiedene Gruppen von Dipis. Die ärmsten waren die ehemaligen Zwangsarbeiter und Überlebenden der Konzentrationslager, die noch erbärmlicher aussahen als die übrigen. Die meisten wurden unmittelbar nach Kriegsende repatriiert, das heißt, in ihre Heimatländer zurückgeführt. Aber viele widersetzten sich einer Repatriierung, weil sie unter den veränderten politischen Bedingungen nicht in ihre Länder zurückkehren wollten. Zahlreiche Polen, Juden, Ukrainer, Russen und andere Bürger Osteuropas zogen eine unsichere Zukunft irgendwo im westlichen Europa oder in Übersee einem Leben unter dem Kommunismus vor. Sowjetische Zwangsarbeiter und Kriegsgefangene befürchteten zu Recht, nach der Rückkehr bestraft zu werden. Tatsächlich landeten Zehntausende im Gulag, viele wurden hingerichtet, oft völlig schuldlos. Allerdings hatten auch viele Flüchtlinge in der einen oder anderen Weise mit den Deutschen kollaboriert und mussten nun damit rechnen, nach einer Rückführung dafür zur Verantwortung gezogen zu werden. Ich glaube, dass die meisten Russen und Ukrainer in unserer Schule aus solchen Familien stammten. Die Väter waren Angehörige der Wlassow-Armee, vielleicht auch von Kosaken-Verbänden. Der Gründer der Schule war selber Russe, ein Adeliger, dessen Familie nach der Revolution von 1917 aus Russland geflohen war. Wir haben im Felbertal mit Begeisterung Kosakenlieder gesungen, auch russisch, obwohl wir kein

Wort verstanden, aber wir haben Nik, Anatol oder Poschar nie nach ihrer Herkunft, ihrer Geschichte, ihren Erlebnissen auf der Flucht und im Lager gefragt. Ich weiß noch, dass Anatol eine verkrüppelte Hand hatte, die Rechte bestand nur mehr aus dem Ballen und dem Daumen, doch ich habe nie versucht, herauszufinden, wie er die Finger verloren hatte. Wir nahmen vieles als gegeben hin – und stellten wenig Fragen.

Wenn ich heute zurückdenke, fällt mir auf, dass die beinahe idyllische Situation im Felbertal eher die Ausnahme war als die Regel. Von den Österreichern wurden die Dipis, egal ob Russen, Juden, Ukrainer oder andere, zumeist als ungebetene Gäste betrachtet, die man möglichst rasch loswerden wollte – wobei man vergaß oder besser: verdrängte, was diese Menschen zu uns geführt hatte. Schließlich waren sie nur selten freiwillig gekommen, mehrheitlich waren sie als Häftlinge oder Zwangsarbeiter hierher verschleppt worden. Aber auch die so genannten Heimatvertriebenen wurden selten mit offenen Armen aufgenommen: Menschen deutscher Herkunft aus allen Teilen Osteuropas, die zwangsweise ausgesiedelt wurden oder geflüchtet waren, oft ohne alle Habe, nur mit dem, was sie am Leib trugen. Die Volksdeutschen, wie man sie auch nannte, kamen aus verschiedenen Ländern und Regionen, von denen wir oft nicht einmal wussten, wo sie auf der Landkarte zu finden waren. Wolgadeutsche, Karpatendeutsche, Schlesier, Zipser Deutsche, Ungarndeutsche, Batschka-Deutsche, Banater Deutsche, Siebenbürger Deutsche, Gottscheer, Untersteirer und natürlich Sudetendeutsche, Deutsche aus Böhmen und Mähren.

Die Tatsache, dass wir die Flüchtlinge und Vertriebenen in der ersten Zeit nach dem Krieg nicht gerade freundlich aufnahmen, ist für die Österreicher nicht besonders schmeichelhaft. Ob es in Deutschland anders war, kann ich nicht sagen. Offiziell wird das heute in Österreich natürlich gern anders dargestellt, da ist viel von Solidarität die Rede, von selbstloser Hilfe und gegenseitiger Sympathie. Aber ich glaube, das ist meist Schönfärberei, die Wirklichkeit war rauer, härter, und für diese Menschen jedenfalls unfreundlicher.

Für die Ablehnung, ja, offene Feindseligkeit, die den Fremden häufig entgegenschlug, gibt es mehrere Gründe. Zunächst die schlechte Versorgungslage: In der Bevölkerung wurden Befürchtungen laut, verstärkt durch bewusst gestreute Gerüchte, dass DPs bei der Verteilung von Lebensmitteln und anderen wichtigen Dingen bevorzugt würden. Ich glaube nicht, dass das stimmt, aber natürlich mussten die knappen Vorräte mit ihnen geteilt werden. Dazu kam die prekäre Sicherheitslage: DPs wurden allgemein für Diebstähle, Raub und Plünderungen verantwortlich gemacht, die damals an der Tagesordnung waren. Man braucht nur die Zeitungen jener Jahre zu lesen, in denen sich zahllose Berichte finden, die Ausschreitungen und Übergriffe von DPs anprangern: Die DPs sind eine Plage, sie sind samt und sonders Banditen, sie rauben uns aus, sie müssen verschwinden. Solche heute wieder peinlich vertraut klingenden Vorurteile, genährt durch Misstrauen, Ängste und Brotneid, wurden nicht selten auf deutsche Vertriebene übertragen.

Natürlich gab es Ausnahmen, Menschen, mit denen wir näher in Kontakt kamen, die wir schätzten. Beim Wiederaufbau unseres Hauses in Linz spielte ein Mann mit dem geheimnisvollen Namen Karabantscha eine wichtige Rolle, ich glaube, er leitete die Bauarbeiten. Hieß er tatsächlich

Karabantscha? Das kann ich heute nicht mehr sagen, hinter seinem Rücken nannten wir Kinder ihn jedenfalls wenig respektvoll Karabantscha – Wasserplantscher, weil er viel mit Wasser hantierte – wahrscheinlich wenn er den Mörtel anrührte. Herr Karabantscha, nehmen wir einmal an, dass er tatsächlich so hieß, war aus Rumänien gebürtig, ein heimatvertriebener Rumäniendeutscher. Angeblich war er gedrungen und kräftig, doch das weiß ich nur aus Erzählungen, mir ist bloß sein Name im Gedächtnis geblieben.

Herr Karabantscha ist in meiner Erinnerung einer der wenigen Flüchtlinge aus jener Zeit, den wir achteten und der einen guten Ruf genoss. Die meisten waren uns, aus welchen Gründen auch immer, suspekt. Warum das so war? Keine Ahnung. Ich weiß nur, dass sich diese oft unterschwelligen Abneigungen und Ängste auch auf mich als Kind übertrugen. In späteren Jahren habe ich mir oft den Kopf darüber zerbrochen, wie es zu erklären ist, dass ich trotz dieser von zu Hause eingeimpften Voreingenommenheit und dummen Klischees die russischen, ukrainischen und jugoslawischen Lagerkinder im Felbertal durchwegs als Freunde oder sogar bewunderte Vorbilder betrachtete? Aber ich habe keine überzeugende Antwort gefunden. Wahrscheinlich ist das auch nicht so wichtig. Es war einfach so. Und dafür bin ich, rückblickend, dem Felbertal und meinen Freunden, den Dipis, dankbar.

Antonio Muñoz Molina

VERLORENE WORTE – GEFUNDENE WELTEN

Der große Vorteil der Liebe zu Europa ist der, dass nichts daran natürlich ist. Niemand kann sagen, dass sie ihm im Blut liegt, dass er sie mit der Muttersprache in sich aufgesogen hat oder dass sie das Erbe einer glorreichen Vergangenheit ist. Seine Familie liebt man – manchmal jedenfalls, oder bis zu einem bestimmten Alter – so unwillkürlich, wie Tiere ihre Jungen lieben. Die Liebe zur kleinen Heimat, zur Landschaft, in der man aufgewachsen ist, stellt sich ebenso selbstverständlich ein. Sie braucht dazu nur wenige Jahre, und doch hinterlässt sie einen unvergänglichen Eindruck in unserer Erinnerung. Sogar die große Heimat namens Vaterland kann man lieben. Am besten, wenn man entsprechend indoktriniert wird. Dazu bedarf es bloß einer Schule, einer Landkarte, einer Hymne und einer einseitigen Geschichtsschreibung, die zwei Leidenschaften bedient, zu denen wir Menschen offenbar einen natürlichen Hang haben: Opferhaltung und Narzissmus; beides Temperamente, die sich leicht zu einer kollektiven Erfahrung hochschaukeln lassen. Denn nichts fällt uns ja leichter, als uns in jenen wiederzuerkennen, die uns ähnlich sehen, die unsere Sprache sprechen und deren Haar- und Hautfarbe der unseren ähneln. Das ist genetisch bedingt und so tief in uns verwurzelt, dass es bis zum Ursprung unserer Art zurückreicht. Man braucht bloß die Bilder von im Gänsemarsch ihr Revier abschreitenden Schimpansen zu sehen, um zu begreifen, dass die militaristische Entartung der Vaterlandsliebe keine ganz neue Erscheinung ist. Schon Flaubert wusste, dass die Fahnen, die diese Liebe erwecken, immer mit Blut und Scheiße befleckt sind.

Je mehr in meinem Heimatland Spanien die Fahne gedankenloser Unversöhnlichkeit hochgehalten wird – die in dieser Zeit aus einem Meer von bemalten Transparenten und aggressiver Einmütigkeit besteht –, desto näher fühle ich mich der europäischen Flagge mit ihrem blauen Grund und den gelben Sternen darauf, die bei keinem Menschen Emotionen zu wecken scheint, und die in ihrer sachlichen Gestaltung einem politischen Entwurf entspricht, der auf Rationalität und gesundem Menschenverstand beruht, anstatt auf Leidenschaft und geschichtlich verbürgter Tradition. Geschichte ist immer auch eine Geschichte von Lügen und Verbrechen; Lügen, die man – zumindest während der letzten anderthalb Jahrhunderte – erzählt hat, um von den Verbrechen abzulenken.

Millionen einstmals europäischer Wörter sind für immer verloren. Nicht weil die Sprachen in einem natürlichen Prozess allmählich ausgestorben sind, sondern durch den sehr viel schnelleren Prozess der Ausrottung derer, die sie gesprochen haben. Wenn ich in den Straßen von Buenos Aires oder New York Jiddisch sprechen höre, muss ich immer daran denken, dass diese so vertraute und zugleich so fremde Sprache, die in vielen Städten, in ganzen Landstrichen Europas zum Alltag gehörte, erloschen ist wie der Gesang einer ausgestorbenen Art von Vögeln.

Patriotismus ist gut für die Anfertigung von Hymnen, Fahnen, geschichtlichen Mythen, Grenzen, Pässen, Visa, Landkarten usw.; absolut unfehlbar jedoch ist Patriotismus bei der Verfertigung von hohen Ausländerzahlen. Nach dem Ersten Weltkrieg kam es zu einer wahren Flut von neuen Ländern, was viele für wunderbar und fortschrittlich hielten. Für jede neue Nation, die entstand, gesellten sich Hunderttausende oder Millionen von Ausländern zu der großen Masse der Staatenlosen. Das führte zu nicht unbeträchtlichem Wohlstand durch Arbeitsbeschaffung, denn je mehr Staaten und je mehr Ausländer es gibt, desto mehr Reisepässe und Ausweise müssen gedruckt und ausgegeben werden; Diplomatie, Geheimdienste und Grenzpolizei stocken ihren Personalbestand auf; die Industrie produziert zahllose neue Uniformen. Patriotismus ist gut für die Textil- und Rüstungsindustrie.

Das Problem des Patriotismus sind seine Nebenwirkungen, die Kollateralschäden, das, was zynische Ökonomen als *externalities* bezeichnen. Die deutlichsten *externalities* eines übersteigerten Patriotismus waren zwei furchtbare Kriege mit mehr als achtzig Millionen Toten. Von dem Verlust an Welten und Wörtern in jenen Jahren werden wir uns nie mehr erholen. Einige der Todgeweihten – die schlau genug waren oder Glück hatten oder die Chance bekamen, rechtzeitig zu fliehen – trugen damals das Beste, was die europäische Zivilisation zu bieten hatte, in andere Länder. Wenn ein Land seine Einwohner vertreibt, ist immer das Land der Verlierer. Wir Spanier können ein Lied davon singen. Unser Land hatte – von den Juden 1492 bis zu den Republikanern 1939 – stets das große Talent, die Intellektuellen auszuweisen; jene, die den Fortschritt des Landes am nachhaltigsten befördert hätten.

In Buenos Aires, in New York, in Mexico und Israel hört man heute das Jiddisch, das in Europa ausgemerzt worden ist. Mit dem Leid, dem Trauma und den Wörtern der Vertriebenen wurde auch das Talent vertrieben. Es waren spanische Juden, die Ende des 15. Jahrhunderts die Druckkunst ins

Osmanische Weltreich brachten. In den vierziger Jahren des vergangenen Jahrhunderts übernahm Argentinien das Erbe jener großen Verlagsindustrie, die in Spanien ihr Goldenes Zeitalter erlebte, bis es vom Bürgerkrieg unterbrochen und von der barbarischen Ignoranz der Sieger dem Untergang anheimgegeben wurde. Der *Film noir* gilt als eine der bedeutendsten Errungenschaften nordamerikanischer Kultur, doch erschaffen wurde seine Poesie des rätselhaft Düsteren in den Studios von Wien und Berlin. Als Bruno Walter nicht mehr in Wien dirigieren durfte, emigrierte er in die USA und dirigierte dort am Ende die New Yorker Philharmoniker.

Das alles sind bekannte Geschichten. Aber bekannte Geschichten haben es an sich, dass alle Welt sie als selbstverständlich ansieht und schließlich vergisst. Wir Europäer vergessen leicht, dass wir das, was wir heute wie selbstverständlich genießen, nicht immer gehabt haben. Und dieses Vergessen führt dazu, dass wir es nicht mehr wertschätzen und daher auch nicht bewahren können. Der Gedanke Europa, wie auch der der Demokratie, gehört nicht zur Grundausstattung unserer frühen Empfindungen. Es ist gut, dass unsere Kinder und auch wir selbst wie aus dem Weltraum heraus über eine geografische Landkarte segeln können, auf der es keine Grenzen mehr gibt. Aber man darf nicht vergessen, dass diese Grenzen bis vor kurzem noch existiert haben und dass sie, ebenso wie sie eingerissen wurden, auch wieder aufgerichtet werden können. Das beschauliche Europa, das unsere Erasmus-Studenten kennen, war 1945 der vom britischen Historiker Keith Lowe so eindringlich beschriebene, in Ruinen liegende barbarische Kontinent. Die Landschaft unseres Wohlergehens – und manchmal sogar Überdrusses – ruht im wahrsten Sinne des Wortes auf einem Untergrund aus Trümmern und Leichen. Es ist noch keine zwanzig Jahre her, da war das ehemalige Jugoslawien Schauplatz methodischer Massenmorde, wie wir sie bis dahin nur aus dem Zweiten Weltkrieg kannten. In meiner Heimat wurde noch 2007 ein terroristischer Mord im Namen des baskischen Patriotismus begangen; nicht zu sprechen von der Katastrophe im Namen des Herrn, die im März 2004 über Madrid und im Juli 2005 über London hereinbrach.

Im Vergleich zum nationalen und religiösen Eifern ist der Gedanke Europa von gemäßigtem Temperament, in dem instinktgeleitete Anwandlungen keinen Platz haben. Kein Mensch würde beim Singen der europäischen Hymne eine Träne vergießen. Niemand würde vor der europäischen Flagge demütig den Kopf senken, die Hand aufs Herz legen und schwören, für Europa sein Leben zu geben. Kein Demagoge käme auf die Idee, Europa anzurufen, wollte er ein Verbrechen oder die Vertreibung einer Volksgruppe rechtfertigen. Manchmal heißt es in verdrießlichem oder gar verächtlichem Ton, die europäische Identität sei nur bürokratischer Selbstzweck, ein künstlich geschaffener Verwaltungsapparat. Genau das ist sie. Nicht mehr und nicht weniger. Es ist die Art von politischer Organisation, die Menschen erschaffen, wenn sie – wie Borges in einer seiner großen Dichtungen sagt – den merkwürdigen Entschluss fassen, vernünftig zu sein. Sie basiert auf der bescheidenen juristischen Erfindung des Bürgerrechts, nicht auf den genetischen Legenden der Abstammung. Sie wird vom Wissen um die Fehler und Katastrophen der Vergangenheit getragen, nicht vom Revanchismus einer in ihrem Stolz verletzten Volksseele. Europa ist nicht die Erfüllung einer bis auf die Griechen des 5. Jahrhunderts v. Chr. zurückreichenden demokratischen Tradition, sondern der stets prekäre, provisorische Notbehelf einer Geschichte voller Kriege, innerer Teilungen, verderblicher Heilslehren und ideologischer oder religiöser Begeisterungstaumel, die erst vor einem guten halben Jahrhundert geendet hat. Nationen werden gebildet, indem man einen äußeren Feind beschwört. Europas Feind war und ist in seinem Innern; so wie jeder von uns das Schlimmste aus seinem Innern zum Vorschein bringen kann.

Postume Gerechtigkeit oder Wiedergutmachung für die Opfer der Vergangenheit kann es nicht geben. Wohl jedoch kann es politische Organisation und ethisches Bewusstsein geben, die verhindern helfen, dass neue Verbrechen passieren. Die verlorenen Wörter haben eine Stille hinterlassen, in die wir weiter hineinhorchen müssen, damit der große leere Raum all dieser Abwesenheiten nicht verlorengeht. Heute können wir diesen Raum mit anderen Wörtern füllen; den Wörtern dieses herrlichen europäischen Sprachenbabels, mit denen wir uns verständigen, die wir lernen, die wir übersetzen, mit denen wir improvisieren, die wir durch Gesten ersetzen, wenn es anders nicht geht. Der Gedanke Europa mag abstrakt klingen, wie Ideen das nun mal tun, aber er lässt sich in handfeste Worte übersetzen, die reale Ereignisse und ganz praktische Dinge bezeichnen; Rechte, die uns zustehen und uns auszeichnen, wie allgemeine Schulbildung, öffentliches Gesundheitswesen, Laizismus, Gleichheit vor dem Gesetz, Meinungs- und Reisefreiheit, Selbstbestimmung und Solidarität, freies Unternehmertum und Schutz der Schwachen, öffentliche Anlagen, in denen man spazieren gehen und sich begegnen kann, das Recht auf Arbeit und auch das Recht auf eine gewisse Trägheit sowie die Verantwortung, für jedes einzelne dieser Rechte einzustehen. Denn wenn wir nicht für sie einstehen, haben wir nicht verdient, sie zu bewahren.

Aus dem Spanischen von Willi Zurbrüggen

SETZMILCH

Ich möchte zuerst über die Kultur sprechen, und zwar über eine spezifische Form der Kultur, nämlich die Joghurtkultur. Oder sollte ich besser mit dem Thema Milch anfangen, denn ohne Milch gäbe es keinen Joghurt. Die Mutter des Joghurts ist keine Muttermilch, sondern die Kuhmilch. Vor einigen Jahren las ich in einer deutschen Zeitung über ein Gebiet in Afrika, in dem eine Menschengruppe Epidemien überlebte, weil sie Kuhmilch als Nahrungsmittel akzeptiert hatte. Der Autor des Artikels schrieb, dass Milch an sich kein bekömmliches Nahrungsmittel für erwachsene Menschen sei, denn die Natur schenke nur dem Säugling die Enzyme, die Laktose verarbeiten, und stelle sie später ein, damit das Kind sich von der Mutterbrust verabschiedet. Ein Kind, das weiter Muttermilch zu trinken versuche, müsse erbrechen.

Der europäische Magen hat im Laufe der Zivilisation die Fähigkeit entwickelt, ein Leben lang Milch zu verdauen. Mit einem Wort: Europa trinkt Milch und erbricht nicht: Das war meine Definition von Europa bis vor kurzem.

Als ich in den sechziger Jahren in Tokio zur Grundschule ging, gab es einige Klassenkameraden, denen es sofort übel wurde, wenn sie Milch tranken. Wir bekamen jeden Tag eine kleine Flasche Milch in der Schule, zusammen mit dem Mittagessen. Unsere Lehrerin sagte, jeder gewöhne sich an Milch, man müsse Geduld haben. Ich weiß nicht, ob sie Recht hatte. Denn selbst in Europa gibt es heute noch Menschen, die keine Laktose vertragen.

Die europäische „Kultur" wurde ausschließlich aus Bulgarien nach Japan importiert, ich meine die Joghurtkultur. 1905 gelang es dem bulgarischen Wissenschaftler Stamen Grigorow, eine Sorte Bakterium zu isolieren, die für die Entstehung des Joghurts verantwortlich ist.

Als ich in Sofia war, sah ich in einem Supermarkt die Joghurtmarken, die ich aus Deutschland kannte, das ganze Regal besetzen. Warum importieren die Bulgaren die teuren Produkte aus dem Ausland, wenn sie selber das weltberühmte Joghurtvolk sind? Der Joghurt war nicht mehr Joghurt, sondern eine globale Industrieware. Wer ihn besser vermarkten kann, verkauft mehr davon. Ich war entsetzt. In dem Wort „entsetzen" ist übrigens das Wort „setzen" enthalten, aber darauf komme ich später noch zurück.

Eine Bekannte von mir in New York kauft sich ausschließlich Joghurt aus Griechenland. Viele amerikanische Joghurtprodukte sind ihrer Meinung nach nichts anderes als chemische Schleimsuppe. Die Griechen sind für sie das Joghurtvolk. Aber eine Griechin, die ich neulich kennenlernte, offenbarte mir, es gebe keinen griechischen Joghurt mehr, es gebe nur noch europäischen Joghurt. So trägt man nicht nur die Eulen, sondern auch noch den Joghurt nach Athen.

Der Joghurt ist ein Sauermilchprodukt, eine Art Dickmilch. Die Wörter „Sauermilch" oder „Dickmilch" werden selten verwendet, denn man soll heutzutage weder sauer noch dick sein. Man soll immer gute Laune haben und so dünn sein wie die Menschen auf jedem Werbefoto für Joghurt. Ich dachte, dieses Erfolgsrezept wäre amerikanisch und in Europa dürfe man sauer sein – sauer auf die Zustände, sauer auf die politische Situation, sauer auf die Ungerechtigkeit. Denn das Sauersein bringt Nachhaltigkeit. Das Sauerkraut hält länger als der Kohl. Wenn ich Wörter wie „Sauerkraut" oder „Sauerbraten" höre, fließt mir das Wasser im Mund zusammen – nicht weil ich diese Gerichte essen will, sondern weil das Wort „sauer" in meinen Magen hineinklingt.

„Joghurt" ist ein Lehnwort aus dem Türkischen, und vielen Europäern ist nicht bewusst, wie oft am Tag sie sich etwas Türkisches auf die Zunge legen.

Die Wörter „Sauermilch" oder „Dickmilch" sind, selbst wenn sie selten benutzt werden, noch nicht vergessen worden, während das Wort „Setzmilch" kaum noch verwendet wird. Ich habe es in einem Wörterbuch gefunden und las zuerst „Satzmilch". Als Folge entstanden im Sprachzentrum meines Gehirns neue Wörter wie zum Beispiel Wortmilch, Sprachmilch, Prosamilch, Haikuhmilch, Nachlassmilch, Übersetzungsmilch usw. Es gibt Wörter, die vergessen werden, aber es gibt auch Wörter, die neu geboren werden.

Wenn ich sauer bin und mein Kopf von neuen Wörtern anschwillt, setze ich mich an den Schreibtisch.

Nachdem eine Schriftstellerin die Schrift gestellt hat, setzt der Setzer die entsprechenden Buchstaben. Dabei benutzt er kein Setzbrett mehr, sondern ein Computerprogramm. Das Wort „Setzbrett" wird sicher bald vergessen. Ich setze die Sätze, es klingt etwas streng, aber es geht nicht um eine Festlegung der flüssigen Ideen. Ich setze die Sätze, wie ein wildes Tier in der Setzzeit seine Nachkommen in die Welt setzt. Aus den gesetzten Sätzen soll kein Gesetz werden. Sie sollen besser wie Setzmilch in einen Gärungsprozess geraten.

Alexis Jenni

DER EINSTURZ DES HALBEN HIMMELS

Ich war nicht dabei, aber heutzutage gibt es nichts, was man nicht sieht, und im Fernsehen, im Internet, auf Zeitungsfotos habe ich gesehen, wie der Meteorit im Himmel zersplitterte und in der Gegend von Tscheljabinsk niederging. Die Leute filmten den Sturz mit ihrem Handy, das sie aus der Tasche gezogen hatten, mit an ihren Autos befestigten Kameras, die ständig filmen, wohin sie fahren – was, wie ich bei der Gelegenheit erfuhr, in Russland gang und gäbe ist, und das erstaunte mich, denn: Warum? – und diese wackligen, schlecht fokussierten Filme stellten sie auf Youtube, wo Menschen wie ich, die in Ländern ohne Schnee und Meteoriten im Warmen saßen, sie sich fasziniert ansahen.

Auf Youtube sah man Zeichen im Himmel, weiße Streifen im blauen Himmel Sibiriens, man sah den leuchtenden Glanz der Steine, die in der Atmosphäre verbrennen, gleißend hell leuchten und sich auflösen und dabei die Lichtsensoren der Kameras übersättigen, man hörte den Donner der Stoßwelle, den Wind im Mikrofon, den Lärm zerbrechender Fensterscheiben, was im Hintergrund ein unaufhörliches kristallines Rauschen verursachte, wozu ein russisches Gewirr von Rufen und erregten Kommentaren kam, von denen ich nicht das Geringste verstand. Mein Lieblingsbild war aber das eines Telefons, das sich zum Filmen in den Himmel reckte, wobei sich ein Finger vor das Objektiv legte und sich nicht mehr wegrührte, man sah also das halb durchsichtige verschwommene Rosa des Fingers, und die Hand zitterte vor Aufregung, und die Offstimme des Filmenden rief ständig etwas, war beglückt, und er filmte nichts, und das Ganze dauerte genau so lange wie die Filme, auf denen man etwas sah.

Warum erzähle ich das? Weil ich eine Weile vor meinem Bildschirm sitzen blieb und von einem Filmfragment zum nächsten klickte, wobei es nicht viel zu sehen gab, ich war fasziniert von den Einzelheiten, von allen Nebensächlichkeiten, von dem, was außerhalb des jeweiligen Bildausschnitts zu vermuten war, so höchst russisch-skurril war das alles. Ohne der Sache überdrüssig zu werden, betrachtete ich den intensiven, weiten, kalten, winterblauen sibirischen Himmel, die weißen Streifen über schön rechteckigen, schlecht unterhaltenen Gebäuden, ich lauschte der Begeisterung am Rand der Panik und dem ebenso wahren Gegenteil, der Panik am Rande der Begeisterung, vor einem Hintergrund von zersplitterndem Glas und Zeichen im Himmel, mit am Ende einem vollkommen runden Loch von etwa zehn Meter Durchmesser in einem zugefrorenen See, in dem Taucher zum Grund hinabsteigen, um zu sehen, ob sie nicht den kleinen Brocken finden, der das alles verursacht hat. Vergeblich. Und dann laufen von den Glassplittern verletzte Babuschkas mit verbundenem Kopf und ihrem unerschütterlichen stalinistischen Gesicht der großen Wälder, in denen niemand einen schreien hört, durch Krankenhausflure von undefinierbarer, aber fleckiger Farbe.

All das war so russisch! Ja, stärker noch: so sowjetisch, in dem etwas vagen, aber wiedererkennbaren Sinne, den dieser Begriff hatte: Nicht auf ein bestimmtes politisches System angewandt, sondern auf eine Welt, die sich über einen Teil Europas ganz in unserer Nähe erstreckte, ganz nahe bei uns, so nahe, dass sie selbst auf uns, die wir dort nicht lebten, lastete.

Diese Meldung in den vermischten Nachrichten war so russisch, so sowjetisch, so skurril und tragisch und sie kam aus dem Himmel, denn die Russen haben es schon immer mit dem Himmel, seit dem mystischen Himmel von Andrei Rubljow, dem epileptischen von Dostojewski, bis zum materiellen und heldenhaften Himmel von Ziolkowski und Koroljow – und heute ist der Himmel wie ein unordentliches, schonungsloses, verwildertes Gelände, es ist der Himmel von Putin, da die Geschichte sich immer zweimal ereignet, ein Mal als Tragödie, das zweite Mal als Farce. An diesem Tag ging in der Gegend von Tscheljabinsk der Sputnik auf das heilige Russland nieder wie Steinwürfe in Schaufensterscheiben, wie das Hohngelächter eines himmlischen Rotzbengels, das linkisch von jenen gefilmt wurde, die sich gerade an Ort und Stelle aufhielten.

Die Beziehung zum Weltraum war für die Sowjetunion so wesentlich, dass ich mich an ein Bonmot erinnere, das in den achtziger Jahren verbreitet war, als man sagte, die Sowjetunion sei „ein Obervolta mit der Raumstation Mir". Wie jedes Bonmot gibt es mehrere Fassungen, mehrere Ursprünge, die alle falsch sind, aber egal, es ist eine Idee. Und als ich mich daran erinnerte, wurde mir bewusst, dass man – wollte man diesen Satz jungen Leuten sagen, wollte man ihnen diesen Scherz erzählen und sie zum Schmunzeln bringen – ihnen jedes Wort erklären müsste, denn alle Bestandteile dieses Satzes sind verschwunden, keines dieser Wörter bezeichnet noch ein Objekt aus unserer Wirklichkeit.

Die Mir – das ist das Einfachste – ist ein veraltetes technisches Objekt, eine rustikale Raumstation, in der Männer Monate damit zubrachten, von Gummibändern gehalten auf einem Laufband zu laufen, Tütensuppen mit dem Strohhalm zu essen und über Funk Schachpartien mit den am Boden Gebliebenen auszutragen. Als solche ist die Raumstation Mir ins Museum der heldenhaften Objekte, die man nicht mehr braucht, gekommen – so wie die Spitfire und die Apollo-Rakete.

Obervolta gibt es noch, es hat aber den Namen geändert: Von einer Bezeichnung aus der Physischen Geographie ist es zum Land der ehrenwerten Menschen geworden (wie die wörtliche Übersetzung des Landesnamens besagt) – das ist ethischer und lokaler, aber man weiß immer noch, wo es liegt, es wird am selben Ort von denselben Menschen bevölkert, die man heute Burkiner nennt, sie sind nicht mehr „voltaisch", was für Menschen doch besser passt.

Mit der Sowjetunion dagegen verhält es sich anders. Das, was dieses Wort, vor allem der Bestandteil „Sowjet" bezeichnete, ist verschwunden – als Land, als Gesellschaft, als Regierungsform, als Vorstellung von Mensch und Gemeinwesen, als Utopie und Antiutopie, als allgemeine Atmosphäre und als die gesamte Wirklichkeit der einen Teil von Europa ausfüllenden grauen Farbe. Die Sowjetunion ist in all ihren Aspekten in Vergessenheit geraten – und sogar mehr als nur in Vergessenheit: in Unkenntnis. Man weiß nicht mehr, was das ist, man will es nicht einmal wissen, die

Karikatur genügt: Ein Teil der Welt ist verschwunden, und sogar die Erinnerung an sie ist verschwunden und selbst die Bedeutung des Wortes ist verschwunden.

Darüber kann man froh sein. Wäre ich Pole, Rumäne oder Tscheche statt Franzose, wäre ich wahrscheinlich der Ansicht, dieser unheilvolle Teil der Welt mit seiner unheilvollen Regierungsform verdiene es nicht anders, aber so einfach ist es nicht. Alles ist in unserer Welt miteinander verzahnt, und wenn ein Teil verschwindet, so kippt, was uns zu bleiben scheint, seinerseits unmerklich unter unseren Füßen um.

Man sieht das bei Schiffbrüchen, so wie man sie sich ausmalt: Wenn das Schiff sinkt, nachdem es an einem Hindernis zerbrochen ist, verursacht das einen plötzlichen Strudel, der alles in die Tiefe reißt, Trümmer, treibende Planken, Boote, mit denen man sich zu entfernen versucht, sowie die im Wasser Schwimmenden, die sich noch bewegten, alles wird mit einem Mal mitgerissen, und das Wasser schließt sich wieder, alles ist von der Tiefe verschlungen.

So gab es nach dem Verschwinden der Sowjetunion einen ganzen Komplex von Wörtern, die mehr oder minder mit ihr in Zusammenhang standen, und sei es nur entfernt, und der dadurch auf seltsame Weise devitalisiert wurde. Das geschah nicht unmittelbar, es hatte vorher begonnen und setzte sich danach fort, aber es erfolgte zur gleichen Zeit: Das große, durch mehrere Erschütterungen auseinandergebrochene sowjetische Schiff mit nicht wenigen Lecks im Kielraum versank mit einem Mal, und sein Strudel riss die umgebenden Vorstellungen mit, von denen jetzt nur noch ein paar Trümmer übrig sind, von denen man sich fragt, wann sie an anderen Stränden angespült werden und was sie bedeuten.

Natürlich spreche ich aus dem behaglichen Schutz einer der Sozialdemokratien des Westens heraus, aber wären diese entstanden, wenn es die Vorstellung von kollektiven Kräften, diese Wahl der Gesellschaft als Mittelpunkt des Regierens, nicht gegeben hätte? Im Osten driftete dies in eine Art Albtraum ab, sicherte uns im Westen aber eine Form von Freiheit und Wohlstand, deren Herkunft man vergisst. Die Wörter geraten in Vergessenheit, ihre Bedeutung verflüchtigt sich, wir wissen nicht mehr, was unsere Erinnerungen bedeuten.

Das Volk? Was also ist das Volk? Und die Klassen? Und ihr Kampf? Als Margaret Thatcher in den achtziger Jahren behauptete, es gebe nichts, was man Gesellschaft nennen könne, hatte ich Mühe zu verstehen, was sie damit meinte. Ich fand, der liberale Wahn gehe in seinem Streben, die klarsten Wörter derart ihrer Bedeutung zu entleeren, ein bisschen weit. Und zehn Jahre später begriff ich – ohne deswegen mit dieser Vorstellung des Menschen einverstanden zu sein, die ich immer für zu einseitig und zu sehr von Ablehnung erfüllt ansah, um uns wirklich beim Leben zu helfen –, dass man so denken kann, und mir wurde mit einem gewissen Erschrecken klar, dass die, die so denken, immer zahlreicher wurden.

„There is no such thing as society", behauptete sie. „There are individual men and women, and there are families." Die Gesellschaft, jenes abstrakte Feld, auf dem kollektive Kräfte wirken, verschwindet, wird ersetzt durch das von engen Vernunftgründen angetriebene atomhafte Individuum, dessen Gesamtverhalten man nur in Gestalt armseliger Statistiken ermisst, ohne sich vorzustellen, dass es ab einem gewissen Maß an Interaktion zu emergenten Phänomenen kommen könnte. Zwischen meinem Erstaunen über diesen Satz, dieses so deutlich ausgesprochene Leugnen der Gesellschaft, und meinem Verstehen des Gemeinten versank die Sowjetunion und riss alle Ideen, mit denen sie mehr oder weniger verbunden war, mit sich ins Vergessen. Es geht gar nicht so sehr darum, dass diese Ideen, die sich auf eine kollektive Vorstellung des Sozialen gründeten, die Schaffung einer harmonischeren, gerechteren oder effizienteren Gesellschaft erlaubt hätten, sei's drum, es ist nicht so wichtig, ob dies in der realen sowjetischen Welt gescheitert oder gelungen ist – nur wurzelte diese Welt, als sie ersonnen wurde, in diesen Ideen, und als sie verschwand, wirkte sich das auf die Bedeutung dieser Ideen in unserer eigenen Welt aus. So kommt es, dass eine „couverture maladie universelle", eine kostenlose Krankenversicherung für Geringverdiener, als totalitäre Ungeheuerlichkeit bezeichnet werden kann, und der Umstand, dass ein Teil der menschlichen Aktivität sich den Regeln des Marktes entzieht, gilt als Archaismus, dass der Staat sich um etwas kümmert, scheint ein Angriff auf die Freiheit, so sehr kann inzwischen alles – Bildung, Gesundheit, Armeen, Gefängnisse – privatisiert werden. Es gab eine Zeit, in der man anders dachte, und man erinnert sich nicht mehr daran. Das war früher. Jetzt ist das Reich des Bösen untergegangen, das Wort „sowjetisch" ist verschwunden und hat keine andere Spur hinterlassen als die Erinnerung an die Lager des Gulag im Schnee und Schlangen vor leeren Geschäften, das Gute herrscht uneingeschränkt, und auf der ganzen Erde erstreckt sich das Reich der Güter, das alle Aspekte unseres Lebens bestimmt. Da es nichts anderes gibt, sieht man nicht mehr so recht, wie es anders sein könnte. Da es nichts anderes gibt, was immer dieses „andere" auch sein könnte, gibt es keine Möglichkeit mehr zu denken; das solcherart allein gelassene Denken schwafelt, widerspricht sich, ohne dass man es merken würde, sagt alles und nichts, entspricht nicht mehr der Realität und schert sich nicht im Geringsten darum. Bei uns, die wir niemals sowjetisch waren, wird ein ganzer Packen sozialer Geschichte, ein ganzer Packen sozialer Utopie, der uns dabei hilft, darüber nachzudenken, wie man leben könnte, schwer verständlich. Ein Teil unserer Geschichte hat sich verdunkelt, man fragt sich, wie die Menschen haben tun können, was sie taten.

Jetzt, wo sie vom tugendhaften Deutschland absorbiert sind, jenem Deutschland, das früher nur West-Deutschland war, jetzt aber das einzige Deutschland ist, haben die Ex-Bürger der Ex-DDR keine Geschichte mehr. Wenn sie von ihr erzählen möchten, wenn sie von dem erzählen möchten, was ihr Leben, ihr wahres Leben, ihr volles Leben war, so werden sie nicht viel sagen können, was man hören will; für sie gibt es keine anderen Varianten als Stasi-Mitarbeiter zu sein oder Stasi-Opfer, nichts anderes zählt mehr, nichts anderes wird mehr begriffen, kein anderer Aspekt ihres Lebens wird mehr gehört. Es zählt nicht, ihre Welt war schlecht, sie verdienen es nicht, gehört zu werden. In den östlichen Bundesländern ist die Geburtenrate stark gesunken, zum Teil dadurch bedingt, dass die Frauen sich entscheiden müssen, ob sie Kinder haben oder arbeiten wollen, weil kollektive Betreuungsmöglichkeiten ebenso wie auch nur der Gedanke an sie mit dem Zusammenbruch der Mauer und dem Zusammenbruch eines Staates, der sich um alles kümmerte, verschwunden sind – diese Entwicklung ist nur ein Detail, das man nicht mehr mit einem allgemeinen Zustand der Gesellschaft verbindet, mit einer allgemeinen Vorstellung von Gesellschaft, die gleichzeitig mit dem Zusammenbruch der Mauer verschwand. Das Gute hat gewonnen, das Böse hat verloren, alles Kollektive ist schlecht.

Das allein gelassene Denken ist totalitär, nicht in der allgemeinen, etwas vagen und abwertenden Bedeutung des Begriffs, die man als Beschimpfung verwendet, sondern in der genauen, philosophischen Bedeutung: Ein Denken, das darauf abzielt, die Gesamtheit der Wirklichkeit allein aufgrund ihrer Grundlagen zu erfassen; zumeist einfache, recht willkürliche Grundlagen, wie es alle Axiome sind. Und nichts ist einfacher als das liberale Denken, das aufgrund radikaler Prämissen (der einzelne Mensch), die in Form simpler Argumentationen vorgetragen werden (der rationale Mensch), versucht, die Gesamtheit unseres Lebens zu erfassen. Ohne jede Zurückhaltung entfaltet sich jenes Denken mit päpstlichem Ernst und mit künstlichen Argumenten in den Leitartikeln von Wirtschaftszeitungen, und mangels anderer Sichtweise merkt man nicht, dass der König nackt ist. Diese einfachen Ansichten ahmen das Echte nach, sie geben vor, was man denken muss, erklären Haussen und Baissen, das Eintreten von Krisen und das Ende von Krisen als Selbstverständlichkeiten, und wenn man sieht, dass die irgendwann gemachte Analyse nicht stichhaltig war, wirft man sie am nächsten Tag eben über den Haufen, man tauscht sie aus, erklärt, ohne sich je zu widersprechen, dass es *doch* so sei, dass dieselben Prinzipien gelten und immer gelten werden, denn sie müssen gelten. Die geistige Struktur der *Financial Times* unterscheidet sich nicht sehr von der der *Prawda*, so sehr hat das allein gelassene Denken ohne die Unterstützung durch ein anderes immer dieselben Wesenszüge. Früher wurde alles durch den historischen Materialismus erklärt, der von seinen reaktionären Feinden behindert werde, die zu verfolgen und zu vernichten seien; heute wird alles durch den Wirtschaftsliberalismus erklärt, der von den aus der Vergangenheit ererbten Archaismen behindert werde, die man aufspüren und auflösen werde.

In den Reden, die die Verwirklichung des Neuen Menschen predigten, lag ebenso viel Totalitäres wie in jenen, die sich noch mehr Liberalisierung wünschen. Wenn man auf die Parallelen achtet, so ist ihre Gemeinsamkeit an Schlichtheit, naiver Aufrichtigkeit und parteiischer Böswilligkeit auffallend – das Denken derselben Art und derselben Absichten nimmt in hohem Maß dieselben Formen an. Diese Form kann man sich in echt, in der Realität ansehen, denn in Berlin gibt es ein Baudenkmal für das Denken, das niemals Unrecht hat, für das alleinige Denken, das sich wie Gas ausbreitet, bis es allen Platz ausfüllt. Dieses Baudenkmal ist das ehemalige Luftfahrtministerium in der Wilhelmstraße, jenes nicht zu zerstörende Gebäude, das bedenkenlos allem dient. Es war Reichsministerium, sowjetische Militärverwaltung, Ministerrat der DDR, Sitz der Treuhandanstalt, die die Staatswirtschaft abwickelte, dann Finanzministerium des wiedervereinigten Deutschland; ohne je Risse zu bekommen, trägt es mitten in Berlin die Fortdauer eines widerspruchslosen Denkens zur Schau, und seine Architektur zeigt das mit Fenstern ohne jedes menschliche Maß, starren, schwindelerregenden überlangen Vorhängen, dem hässlichen Mosaik an einer Fassade und einer unendlichen Zahl von Büros, zwischen denen man unendlich weit laufen muss und sich verirrt. Diese Architektur der dreißiger Jahre ist immer in Übereinstimmung mit den Institutionen, die sie beherbergt; das Gebäude ist ein in dicken Betonlettern geschriebener Satz mitten in Berlin: „Anders geht es nicht." Und heute bedeutet das Anders-geht-es-nicht die Zerstörung jeglicher kollektiver Struktur, die verächtliche Zurückweisung von allem, was nicht rein individuell ist, die Bekräftigung (in Form von Leugnung) der Inexistenz dessen, was man Gesellschaft nennt, die als inexistent angesehen wird, weil man sie nicht sieht – und das nennt man Realitätssinn. Jeder wird auf sich zurückverwiesen, und sozialer Schutz wird zu Strenge, Steuern werden zu einer Art Parasitentum, öffentliche Ausgaben sind immer zu hoch und gelten nur noch als Fehler, den es auszumerzen gilt. Was in einem bestimmten Zustand des Denkens eine absolut offenkundige Tatsache war, was ein Teil der Debatte war, die die westlichen Gesellschaften begründete und ihnen beispiellosen Aufschwung und Wohlstand sicherte, die vielleicht ohne Fortsetzung bleiben werden, wird zu seltsamen Vorstellungen, deren Bedeutung man nicht mehr begreift, zu absurden Trümmern eines großen Schiffbruchs, über den man sich jetzt freut, ohne sich noch zu erinnern, was da eigentlich genau Schiffbruch erlitten hat, und dabei vergisst, dass das, was unterging, auch uns betraf.

So erscheinen jetzt große weiße Streifen im Himmel über der Gegend von Tscheljabinsk, von denen man weder weiß, woher sie kommen, noch, wohin sie gehen, reglose Streifen ohne Herkunft und Ziel in diesem blauen Winterhimmel, und Stoßwellen lassen Scheiben bersten, ein Regen aus kleinen Steinen streicht über den Himmel, durchschlägt das Eis und durchlöchert es, und man findet die Steine nicht wieder, Trümmer ohne Bedeutung, verloren im Schnee, steinerne Fragmente, die aus einem Himmel zurückgekehrt sind, in dem man Zeichen gesucht hatte, in den man Raketen und Raumstationen geschickt hatte; und nach dem Schiffbruch, nach dem Verschwinden selbst der Worte, das alles zu beschreiben, fällt nur noch eine Handvoll schwärzlicher Steine herunter, die Fenster zerstören und Babuschkas verletzen wie die Trümmer alter Vorstellungen, die ihre Bedeutung verloren haben, und nicht mehr die Kraft haben, sich in der Luft zu halten.

Etwas ist verloren gegangen und fällt uns jetzt auf den Kopf.

Aus dem Französischen von Tobias Scheffel

Barbara Honigmann

ENTSCHULDIGUNG,
HABEN SIE *STULLE* GESAGT?

Der überlieferte Weisheitsspruch der „Berliner Schnauze",
der meine Lieblingsweisheit ist, Uff Hunger und Durst kann
ick vazichten, aber meene Ruhe muß ick haben, zeugt davon, dass diese Schnauze irgendwann einmal auch Humor
gehabt haben muß. Heute aber ist davon eigentlich nur
noch die „Schnauze" übrig, was ich sehr bedauere.

Schon als ich in den fünfziger, sechziger und siebziger
Jahren in Berlin aufwuchs, zur Schule ging, studierte und
lebte, gab es den „Berliner Humor" nur noch als Legende
und die Erinnerung an eine Vorzeit, die Zeit vor dem Krieg,
und zwar eher die vor dem Ersten Weltkrieg, in der Hein-
rich Zille zeichnete, dessen Werke wir uns jetzt im Märki-
schen Museum und in Büchern ansehen. „Mutta, schmeiß
Stulle runta!", war schon ein Klassikerzitat.

Meckernd, anschnauzend, sich selbst bemitleidend, un-
freundlich, unhöflich, zurechtweisend und ungebetene Ratschläge erteilend – so äußert sich die Berliner Schnauze
noch heute, und auch auf Berlinerisch, im Bus, auf der
Straße, in der Bäckerei, wenn ich frage, ob sie vielleicht einen kleinen Salat oder so etwas in der Art für mich und
meine Enkelin hätten, –„Nee, ham wa nich."

„Vielleicht könnten Sie mir sagen, wo es etwas hier in der
Nähe gibt?"

„Ne, weeß ick nich."

Selbst die Mundart ist jedoch im Verschwinden begriffen, wohl auch deshalb, weil sie ihren schlechten Ruf nie verloren hat, als proletarisch gilt, Unterklassencharakter trägt und man sich als gebildeter Mensch dafür offensichtlich schämen muss, während Künstler und Intellektuelle zum Beispiel aus Wien ihr Wienerisch zelebrieren können und die ganze Welt es charmant findet. Das Wienerische allerdings hat viele Nuancen zwischen dem Oberschicht- und dem Unterschichtwienerisch, während das Berlinerische seinen Aufstieg aus dem dritten Hinterhof, Parterre, nie geschafft hat und ich mir immer wieder sagen lassen muss, ach Gott, sie berlinern ja, und das Naserümpfen sieht man zwar nicht, aber man hört es.

Dabei lebe ich schon seit fast dreißig Jahren nicht mehr in Berlin, sondern in Frankreich in einer französischsprachigen Umgebung, und gerade diese fremdsprachige Umgebung macht, dass ich den Akzent nicht verliere, da wir unter uns, in der Familie den Akzent nicht nur sprechen, sondern sogar kultivieren. Meine Söhne sprechen also ein Auslands-Berlinerisch und halten es für Hochdeutsch, besonders der, der in Paris lebt und nie Deutsch hört, außer wenn er ab und zu mit seinen Eltern spricht, und der auch nie nach Deutschland oder gar Berlin fährt. In vielen Jahren vielleicht werden Philologen eine berlinerische Sprachinsel im Pariser Becken finden und sich fragen, wie die wohl entstanden ist. Der andere Sohn aus Paris ist in einer Umkehrbewegung nach Berlin gezogen, vielleicht um sich seiner Berliner Herkunft zu versichern, vielleicht auch, weil die Mieten da deutlich niedriger sind als in Paris; mit seinen Kindern spricht er Französisch, wenn ich sie besuche, versuche ich ihnen das Berlinerische nahe zu bringen, das ihnen heute in Berlin fern bleibt, in der Schule hören sie es nicht mehr und auf dem Spielplatz auch nicht.

Dafür wird in der Stadt offiziell nun ein magischer Berlinkult mit Geisterbeschwörungen betrieben, und es werden „Kieze" ausgerufen, das soll ein berlinerischer Ausdruck sein, ich kann mich aber nicht erinnern, diesen Ausdruck in der Zeit, in der ich in Berlin lebte, in einem natürlichen Umfeld gehört zu haben oder dass wir ihn gar verwendet hätten.

Den „Kiez" konnte es ja schon deshalb nicht geben, weil man im Osten, damals, sowieso nur drinnen in den Wohnungen lebte, draußen war die feindliche Umwelt, die im Hausflur mit den Nachbarn begann, die einen beschimpften, wenn nicht gar denunzierten, weil sie uns, nicht zu Unrecht, politischer Opposition oder zumindest Unangepasstheit und eines „entarteten" Lebensstils verdächtigten.

Vor ziemlich vielen Jahren, als der eine Sohn noch klein war, saßen wir einmal aus Anlass einer Beschneidungsfeier um einen großen Tisch herum, auf dem, der morgendlichen Stunde entsprechend, ein reiches Frühstück gedeckt war, Brot, Butter, Käse, Konfitüre, Kaffee, Tee, Milch, Säfte, keine Wurst, es war ein „milchiges" Büffet. Mein Sohn verlangte zu essen, ich nahm ein Stück Brot und fragte ihn: „Was willst du auf die Stulle?" Er antwortete etwas, was ich vergessen habe, nicht vergessen aber habe ich den Satz, der seitdem bei uns sprichwörtlich geworden ist, den der Professor Schalom Albeck, der uns gegenüber saß, in dem er sich zu uns herüber beugte, sagte:

„Entschuldigung, haben Sie eben Stulle gesagt?" Ich bestätigte ihm, ja, ich hätte eben „Stulle" gesagt, und er rief, sichtlich bewegt, aus: „Mein Gott, das Wort habe ich fünfzig Jahre nicht gehört!"

Er war zwar jetzt Professor an der Hebräischen Universität

in Jerusalem, stammte aber aus Berlin, wo sein Vater, auch ein Professor, an der „Hochschule für die Wissenschaft des Judentums" Talmud lehrte, natürlich mussten sie dann weg aus Berlin und schafften es noch auszuwandern, und deshalb wuchs Schalom Albeck in Palästina, später Israel, auf und wurde dort, wie es sich für einen deutschen Juden gehörte, Professor, wie sein Vater und auch schon sein Großvater.

Zum Zeitpunkt des Frühstückbuffets war er schon emeritiert, kam nun öfters nach Deutschland zurück, um Vorträge und Vorlesungen zu halten und konnte sich gar nicht halten vor Begeisterung, das Wort „Stulle" wiedergehört zu haben. Ich erklärte ihm, dass wir zwar aus Berlin, aber nun auch schon seit vielen Jahren weg seien und ich wisse, ehrlich gesagt, gar nicht, ob in Berlin noch irgendjemand „Stulle" sagt und wir eher das Gefühl hätten, wegen unseres Berliner Akzents überall im deutschen Sprachraum unangenehm aufzufallen. „Aber bei mir bestimmt nicht", sagte er, und dann fragten wir uns berlinerische Wörter ab, manche davon, weit weg abgelegt und schon außer Gebrauch, tauchten in meiner Erinnerung wieder auf: „peesen" zum Beispiel, was so viel heißt wie „schnell rennen" und andere halb vergessene und fast ganz vergrabene, „schau" für „prima", nein, das sagt wohl heute keiner mehr, und „knorke", das ist völlig ausgestorben, was man schon daran sieht, dass es die Berlinwerbung, sozusagen unter künstlicher Beatmung, für Provinzler zu einem Scheinleben erweckt und sich nicht entblödet, T-Shirts zu verkaufen, auf denen „it's knorke – it's Berlin" steht. Wir schüttelten uns vor Abscheu.

Aber solange wir noch „Stulle" sagen, lebt das Berlinische noch, und wo wir sind, ist einfach Berlin, sagten wir, in Anlehnung an Thomas Mann.

PASSÌO

oder: Die Kunst, nicht dahin zu gehen, wohin du gehen sollst

Passìo, vom spanischen *pasear*, spazieren gehen. Die Spanier sind eines der vielen Völker, die Sizilien erobert haben oder die sich von Sizilien haben erobern lassen, schließlich haben die Sizilianer immer und vor allem das gemacht, was sie wollten und dabei regelmäßig die Eroberer erobert.

Aber der passìo ist nicht einfach ein Spaziergang, er ist auch eine Art zu leben, ein bestimmter Stil, eine Art, sich die Zeit zu vertreiben (aber wird sie dabei vertrieben?). Du kannst es anfallsartig machen: Du gehst ein Stück die Straße auf und ab, ohne dabei aber auch nur einmal deine Bahn oder die Richtung zu ändern. Ohne auch nur einmal den Kopf in die andere Richtung zu drehen. Wie ein Schwimmer im Olympiabecken. Du kommst am Ende der Straße an, drehst dich um und weiter geht's. Man sagt bei uns ja nicht zufällig, *fare le vasche,* was soviel heißt wie: auf dem Corso auf und ab gehen[1]. Es kann dich aber auch ganz plötzlich packen, wie eine Krankheit. Du gehst raus, willst etwas erledigen, und plötzlich packt dich der passìo. Du wechselst also die Straße, schlägst einen anderen Weg ein und verläufst dich zwischen Gassen und Plätzen, die du ganz genau kennst, die dir aber, wo du nun mal vom Morbus passìo befallen bist, ganz und gar neu und fremd vorkommen.

---

1 *le vasche* – die Becken

Heute, zum Beispiel, bin ich nicht dahin gegangen, wohin ich gehen sollte. Ich habe eine andere Richtung eingeschlagen, um jemandem nachzulaufen, einem großen, dicken, glatzköpfigen Mann in einem eleganten senffarbenen Anzug, der aus einer mächtigen Pfeife Rauch ausstieß. Ich wollte rauskriegen, welchen Tabak er rauchte. Ob einen kräftigen italienischen Grobschnitt oder einen Orienttabak oder einen rauchigen vom Balkan … Ich kann dem nicht widerstehen. Wenn einer Pfeife raucht, will ich riechen, welchen Tabak er nimmt.

Der hier ging schnell, er rannte fast, und ich immer hinter ihm her und vergesse dabei völlig, was ich eigentlich machen sollte. Was war es nur? Ich konnte mich nicht mal mehr daran erinnern.

Er stieß große bläuliche Rauchwolken aus, und das im Rhythmus seiner Schritte. Wie eine Lokomotive. Wir rannten fast, aber doch ist es immer eine Art von Langsamkeit, wenn du dein Ziel änderst und nicht dorthin gehst, wohin du gehen sollst. Ich habe ihn schließlich eingeholt. Ganz schlechter, parfümierter Tabak. Kann das denn wahr sein, dass du alles stehen und liegen lässt, um einem zu folgen, der Pfeife raucht? Aber was werde ich schon groß verpasst haben? Als Gott die Zeit erschaffen hat, hat er genug davon gemacht. Sagen sie in Irland.

Einmal war ich in Irland in einem Bus voller Touristen, die meisten waren Deutsche. An einem bestimmten Punkt hat der Fahrer seinen Bus auf einer ganz engen Landstraße angehalten, er ist ausgestiegen und dann einen Hügel hoch geklettert. Er ist oben angekommen, er ist in die einzige Hütte weit und breit gegangen und erst etliche Minuten später mit einer großen Kiste voller Eier wieder rausgekommen. Also das ist ja unerhört! Die Deutschen schnaubten und schauten auf ihre Uhr. Er hat ganz unschuldig die Arme ausgebreitet: Ich musste Eier kaufen.

Und ich fand, ich müsste ihn verteidigen: Wenn er doch Eier kaufen musste ... habe ich gesagt. Dabei drückte ich ihm meine vollste Solidarität aus. Nach einigen Kilometern hielt er wieder an. Er ist ausgestiegen und hat von einer Quelle getrunken. Das beste Wasser weit und breit! Hat er zu den Deutschen gesagt, die mittlerweile lachten und sagten, okay, okay, warte, wir steigen auch aus und trinken was ...

Wenn einer also sein Leben lang nur schnell läuft und immer geradeaus und immer pünktlich ans Ziel kommt, verpasst er die besten Sachen.

Einmal musste ich aufs Land fahren, um Öl zu holen. Ich bin mit Freunden gefahren. Am selben Nachmittag sollten wir zurück sein. Aber dann haben wir die schneebedeckten Berge gesehen ... und konnten nicht anders ...

Wir sind mit dem Auto tief im Schnee stecken geblieben, wir sahen aus wie Säue, wir haben in einer Berghütte gegessen, abends gab es dort Tanz, wir haben bei den Nonnen geschlafen und sind am Tag darauf zurückgefahren. Ohne Öl. Klar. Wer hat denn noch an das Öl gedacht?

Einmal habe ich auf den Bus gewartet, mit dem ich vom Land in die Stadt zurückfahren wollte. Er kam nicht. Ich habe so getan, als würde ich ungeduldig, aber ehrlich gesagt, war ich ganz froh über diesen passìo im Stehen. Man kann nämlich dem passìo auch im Stehen nachgehen.

Plötzlich erschien wie aus dem Nichts ein paar Meter von mir entfernt, aber zum Glück hinter einem Stacheldrahtzaun, ein großer schwarzer Hund. Er fing sofort an zu knurren und zu bellen.

Jetzt, habe ich mir gedacht, werde ich ihm in die Augen schauen und ihn mittels Hypnose beruhigen! Kaum hatte ich begonnen und ihn scharf angesehen, hat er noch mehr gegeifert und geknurrt. Und ich habe ihn weiter fixiert. Wenigstens nutze ich die Wartezeit und überprüfe mal die hypnotische Wirkung meines Blickes auf Hunde ... an einem bestimmten Punkt habe ich sogar angefangen zu flüstern: Beruhige dich! Hund! Beruhige dich! Guck mal was für eine Hypnose! Hypnose! Hypnose! Aber er knurrte und geiferte immer mehr. Dann sah ich den Bus hinter der Kurve. Das fand ich blöd. Gerade jetzt, wo der Hund sich hingesetzt hatte. Er giftete immer noch, aber im Sitzen. Ich wollte mich fast beim Fahrer beschweren. Gerade jetzt kommen Sie, wo das Experiment mit der Hypnose fast geklappt hat! Hätten Sie sich nicht noch ein bisschen mehr verspäten können?

Als ich ein Jugendlicher war, vielleicht dreizehn oder vierzehn, bin ich einmal wach geworden und wollte zur Schule gehen und plötzlich sah ich, dass kräftiger Schneefall, wie er bei uns ganz ungewöhnlich ist, die Stadt in Weiß getaucht hatte. Ich bin zur Bushaltestelle gegangen, aber dann bin ich gepackt von den Wirrungen und Wendungen des passìo immer weitergelaufen. Wie anders die Stadt war! Nicht wiederzuerkennen!

Hier links ein eigenartiges Geschäft mit einem dunklen Holzschild. Ich gehe hinein. Ein kräftiger Kaffeeduft umfängt mich. Aber klar! Die Rösterei *Moka Italia*! Der Duft der Gewürze und des Kaffees ist intensiver, wenn es draußen schneit. Ich gehe weiter. Rechts eine große Sandburg und die Palmen drumherum weiß vom Schnee. Wie eine Krippe. Die Kathedrale!

Ich bleibe unter den Palmen stehen und stecke die Nase in die Luft.

Mir fällt ein, dass es ein bisschen weiter eine Villa gibt,

die aussieht wie eine Oase, so viele Palmen stehen dort. Was für eine Pracht! Es ist eine einzige Freude, sie jetzt alle in weiß zu sehen. Und selbst die Mäuse, die ganz übermütig über den Schnee jagen, scheinen mir wie kleine Biber von einer ganz seltenen Rasse. Dann trete ich in eine Buchhandlung. Eine von den kleinen Stadtteilbuchhandlungen, die es nur noch selten gibt. Die Verkäufer sind eingepackt in schwere Schals und tragen Handschuhe und Wollmäntel. Sie bieten mir sogar eine Tasse Tee an. Es scheint mir, als hätten die Bücher an diesem kalten Tag einen anderen Geruch …

In der Schule bin ich nie angekommen …

Mein Vater konnte solcherart Abschweifung als guter Ingenieur nicht billigen. Er steuerte immer direkt auf sein Ziel zu.

Auch mein Großvater war Ingenieur, aber ein anormaler, er folgte einer anderen Philosophie.

Wenn wir mit zwei Autos in sein Haus auf dem Land in den Madonien fuhren, prallten da unterschiedliche Zivilisationen und Kulturen aufeinander. Mein Vater wäre früh am Morgen aufgestanden, hätte die Autobahn genommen und wäre direkt in das Haus auf dem Land gefahren.

Mein Großvater nicht. Und mein Vater wagte nicht, ihm zu widersprechen.

Also ging es in aller Ruhe erst um elf los und zwar über die Landstraße, genau die, die durch alle Dörfer geht. Erster Halt in Cefalù. Spaziergang über den Corso vor dem Dom, danach, je nach Jahreszeit, vielleicht ein Sprung ins Meer, ein Eis und weiter ging's.

Zweiter Halt in Castelbuono. Noch ein Spaziergang, Besuch des Schlosses, das wir mittlerweile auswendig kannten, Kaffee, Zigarette oder Zigarre, Schnäpschen, noch ein Spaziergang und wir fuhren weiter.

In Castellana kaufte er Käse. Aber erst nach einem Spaziergang durch den Ort und einer weiteren Zigarre …

Hatte man den Dom hinter sich, und das Eis, die Verlockungen durch Meer und Schlösser und Käse, gab es zwischen Castellana und Petralia nichts mehr. Da wird er nicht mehr anhalten, dachte sich mein Vater. Wir werden es schaffen, eine Stunde ohne Stopp weiterzukommen … aber stattdessen …

Stattdessen hielt mein Großvater einmal genau in der Mitte dieses Nichts an.

Er stieg aus und trieb uns mit weiten Armbewegungen an. Vorwärts! Vorwärts! Ich habe gehört, dass es da hinter dem Hügel eine Schafzucht gibt, die einen großartigen Ricotta macht. Und er machte sich auf und stieg den Hügel hinauf.

Wir Kinder waren froh und liefen begeistert hinter ihm her, mein Vater blieb im Auto sitzen und haute die Stirn gegen das Lenkrad. Wir haben hinter dem Hügel rechts gesucht und links gesucht, wir haben Büsche, Wälder und Felder durchquert, aber von der Schafzucht keine Spur.

Aber wer dachte auch noch an den Schäfer und seinen Ricotta? So wie wir von der Landschaft begeistert waren! Als wir dann schließlich im Haus ankamen, verfiel mein Großvater in eine Art Trägheit. Für ihn war die Fahrt offensichtlich schöner als die Ankunft. Wie Odysseus. Ithaca ist schon wichtig, aber jetzt genieße erst einmal die Fahrt.

Eines Tages, als ich wohin auch immer unterwegs war, was sah ich da auf einem Rasen, unter einem Baum, mitten im dichtesten Verkehr? Eine hübsche lange Tafel mit einer Menge Leute, die dort aßen. Es spielte sogar ein kleines Orchester. Und ein schwarzes Priesterlein, das zwischen den Tischen unterwegs war. Und da soll man nicht stehen bleiben? Und da soll man nicht nachfragen? Ich habe angefangen, mich mit dem Priester zu unterhalten. Es war das Mittagsmahl zu San Giuseppe. Jedes Jahr, so will es die Tradition in dieser Gemeinde, gibt es ein Mittagessen für die Armen, die dieses eine Mal bedient und mit ausgesuchter Höflichkeit behandelt werden. Und sie benehmen sich denn auch einmal im Jahr ein bisschen unverschämt wie hohe Herrschaften. Die einen beschwerten sich, der Weißwein sei nicht kalt, die anderen wollten Rotwein ... die einen wollten kein Gemüse, weil sie das ja jeden Tag äßen ... die anderen zündeten sich eine Zigarre an oder eine lange Pfeife ... und jemand beschwerte sich, gerade wie ein hoher Herr, also im letzten Jahr sei das Essen doch besser gewesen, da hätte es überbackene Pasta gegeben ... Und da soll ich noch dorthin gehen, wohin ich gehen sollte? Ich bleibe hier. Aber was mache ich hier? Ich lehne mich doch nicht an den Baum und genieße das Spektakel. Stattdessen habe ich den Priester gefragt, ob ich helfen könnte ... er hat mich losgeschickt, um den Nachtisch zu holen ...

Und während ich sie mit dem Nachtisch bediente und ihre Gesichter und ihre Falten sah und hörte, was sie redeten, wollte ich irgendwie begreifen, was sie wohl im Leben gesehen hatten. Einer war taub, weil er in der Schiffswerft gearbeitet hatte, ein anderer erzählte, er sei von den Engländern in Nordafrika gefangen genommen worden, und die hätten ihn nach Indien verschleppt ...

Ich bin dort geblieben.

Ich versuche, auch meine Töchter mit dem passìo anzustecken. Mit der Kunst, nicht dahin zu gehen, wohin du gehen sollst. Der Kunst, den Weg zu genießen. Und wenn am Nachmittag, nach den Schulaufgaben, Langeweile ausbricht, ziehe ich sie vom Computer oder vom Fernseher weg, hebe den Schirm hoch und rufe laut: Spaziergang! Und sie kommen mit, um die Stadt so zu sehen, als wäre es das erste Mal.

Oder besser gesagt, jetzt folgt mir nur noch meine kleine Tochter, die größere hat anderes zu tun, denn sie verschwindet nach den Mühen der Hausaufgaben fürs Gymnasium auf dem Sofa und hat fürs Nichtstun ihre eigene Entschuldigung: den Kampf gegen den Kapitalismus. Sie kommt mir vor wie Oblomow. Die Figur aus den Romanen von Gontscharow. Der in der Tat als Kritik an der bürgerlichen Existenz gelesen wurde. Faulheit versus Konsum und dauerndes Produzieren.

Du sagst ihr: Hilfst du mir, den Tisch zu decken. Und sie, ganz im Ton der radikalen Achtundsechzigerin: Da sind wir wieder! Bravo! Und dabei schlägt sie in die Hände. Decken wir den Tisch. Schlachten wir ein Kalb. Konsumieren wir! Also, verstehst du? Es ist der Kapitalismus, der dich dazu bringt zu glauben, du hättest das Bedürfnis, jeden Tag Fleisch zu essen, und du müsstest konsumieren, konsumieren und konsumieren …

Und ich: Aber es gibt nur Spaghetti …

Bravo! Spaghetti mit genetisch verändertem Weizen, der wer weiß wo von unterbezahlten Sklaven geerntet wurde … Es ist der Kapitalismus, der dir eintrichtert, jede neue Erfindung sei positiv. Erfinden wir! Schaffen wir neuen Weizen! Also, ich meine … Optimismus! Und alles geht vor die Hunde …

Könntest du wenigstens Brot kaufen gehen?

Und sie: Der Pflug zieht die Furchen durch den Boden, aber es ist das Schwert, das ihn verteidigt. Und weißt du, wer das gesagt hat? Mussolini. Steht immer noch auf den Bäckertüten der halben Stadt. Nein. Mich kriegt keiner dazu, Brot bei den Faschisten zu kaufen …

Und dann kauf es doch in der anderen Hälfte der Stadt …

Nein. Ich kaufe nichts.

Und wenn ich sie frage, ob sie spazieren gehen will ...

Ja, großartig, ein Spaziergang ... und vielleicht ein bisschen Shopping, was ... es ist der Kapitalismus, der dir einredet, du müsstest immer etwas kaufen ...

Was heißt denn hier Shopping? Wir kaufen höchstens ein Eis ...

Ist immer noch unnützer Konsum ... Ich bleibe hier. Sagt sie. Ich werde nicht zur Komplizin des Kapitalismus.

Okay, okay, sage ich. Aber als ich an der Tür bin, erreicht mich eine Stimme aus den Tiefen des Sofas.

Bringt mir ein Eis mit!

Von wegen! Sage ich, es ist der Kapitalismus, der dir einredet, du bräuchtest ein Eis.

Und sie: Ausbeuter! Du hungerst das Volk aus!

Also gehe ich mit der Kleineren bummeln.

Sicher, wenn jemand schnell und pünktlich ist und immer nur das tut, was er tun soll, hat er den anderen bestimmt etwas voraus.

Bei der Gelegenheit, ich kannte mal einen Äthiopier. Obwohl er schon eine ganze Zeit in Italien lebte, richtete er sich weiter nach dem orthodoxen oder koptischen äthiopischen Kalender oder so was in der Art. Ich traf ihn zu Ostern ... Frohe Ostern! habe ich zu ihm gesagt, aber er: nein, ich Ostern schon vor zwei Monaten. Ich traf ihn zu Weihnachten, Frohe Weihnachten! Aber er: Nein, ich Weihnachten schon vor drei Monaten gemacht ...

Letztes Jahr habe ich ihn Sylvester getroffen ... Gutes Neues Jahr! habe ich zu ihm gesagt. Und er: Nein, ich bin schon seit einem Monat im Jahr 2012 ...

Ach! habe ich zu ihm gesagt, also kannst Du ja schon eine Vorhersage machen! Wie ist dieses Jahr 2012?

Genauso ... hat er zu mir gesagt ... genauso ...

Was ja schon mal eine gute Nachricht war ...

Und jetzt plötzlich, während ich schreibe, ist es dunkel geworden.

Aus dem Italienischen von Andreas Rostek

Serhij Zhadan

ROCK'N'ROLL
(Bänder, Platten, Kassetten)

1.

In meinen Lebensansichten bin ich konservativ. So konservativ, dass der bloße Gedanke, ich müsste mich in irgendeiner Weise ändern, mir völlig abwegig vorkommt. Ich komme mit meinen Ansichten gut zurecht, und die Ansichten der anderen stören mich nicht. Was nicht heißt, dass ich mich vor dem Leben verschließe, dass ich seine Neuerungen, seine ständigen Herausforderungen und seine Rastlosigkeit ignoriere. Mit seinen unzähligen Optionen und Angeboten bringt das Leben Verwirrung und Unruhe, aber ich halte an meinen Routinen und Ritualen fest, lese weiter meine Lieblingsdichter und trage meine alte bequeme Kleidung. Technische Neuerungen verunsichern mich, mich verunsichert die Bereitwilligkeit, mit der sich meine Mitmenschen auf all das Neue stürzen, das ihnen der technische Fortschritt bietet. Das ist altmodisch, ich weiß. Aber wenigstens ehrlich. Die neuesten Modetrends gehen mir meistens ab. Was verstehe ich allerdings auch schon von Mode? Ich glaube, mir geht schon allein das Wort „Trend" ab. Ich mag keine Handys, und ich verstehe nicht, warum alle immer so scharf auf das neueste Modell sind. Festnetztelefone mag ich zwar auch nicht, aber das ist eine andere Sache. Vielleicht komme ich mit den neueren Entwicklungen einfach nicht mehr mit. Schon möglich. Die Mobilfunkanbieter und ich gehen einfach unterschiedliche zivilisatorische Wege. Ihr Weg ist kürzer, zugegeben. Aber dafür ist meiner pittoresk. Ich halte mich an mein Gedächtnis und an meine Erinnerung, ich stecke hoffnungslos in der Vergangenheit fest, bald werden die Leute nicht mehr wissen, worüber sie sich mit mir unterhalten sollen. Insgeheim wünsche ich mir das sogar. Meine Gewohnheiten sind mir in Fleisch und Blut übergegangen, und ich habe nicht die Absicht, sie zu ändern. Was mich vor zwanzig Jahren interessiert hat, interessiert mich heute immer noch. Ich meine natürlich die grundlegenden, die wirklich wichtigen Dinge, die mich zu dem gemacht haben, was ich heute bin, Ängste, Verschrobenheiten, die Liebe eingeschlossen.

Das sind gar nicht so viele Dinge. Was nicht verwunderlich ist, sonst ließen sie sich in unserem Herzen und unserem ach so selektiven Gedächtnis gar nicht unterbringen, also heißt es, sich auf das Wesentliche zu beschränken.

Warum ist das so wichtig? Was bringt es, sich an Trugbilder zu klammern und mit Phantomen zu reden? Was bringen uns Dinge und Beschäftigungen, die längst überholt sind, die die breite Masse abgeschrieben hat und für die höchstens noch ein paar schräge Typen von gestern etwas übrig haben? Ich glaube, das bringt insofern etwas, weil unsere Vergangenheit nicht nur uns etwas angeht, obwohl sie ja überwiegend uns selbst betrifft. Sie geht auch diejenigen etwas an, denen wir begegnen und mit denen wir im Laufe unseres Lebens zu tun haben. Ich meine die Menschen, die für uns wichtig sind und uns nahestehen: Eltern, Familie, Freunde. Aber auch diejenigen, die eher zufällig in unser Leben geraten sind. Und auch das Land, in das wir hineingeboren wurden, das in unserem konkreten Fall eines Tages unwiederbringlich verschwunden ist und dem keiner von uns ernsthaft nachtrauert. Unsere Vergangenheit hat nicht nur etwas mit unseren persönlichen Gefühlen und Erlebnissen zu tun, sie ist eng verflochten mit dem Gesamtgebilde, mit den dünnen, kaum erkennbaren Zeitfäden, mit den Stängeln anderer Schicksale und Biografien, sie existiert im ständigen Wechselspiel zwischen bereits Vergangenem und noch Gegenwärtigem. Wenn wir nun an unserer Erinnerung festhalten, halten wir etwas sehr Wichtiges fest, etwas, das uns alle eint, das uns an ein und dieselbe Zeit und ein und denselben Raum bindet. Hinter unserer Vergangenheit, unserer Erinnerung stehen Tausende Gesichter und Namen, Tausende Straßen, Flüsse und Städte, unzählige Ereignisse und Erscheinungen und – das ist vielleicht das Wichtigste – Tausende Wörter und Begriffe. Selbst wenn manche von ihnen heute kaum noch verwendet werden, heißt das noch lange nicht, dass wir sie vergessen dürfen. Denn sie beschreiben oft Gegenstände oder Beschäftigungen, die uns geprägt haben, von denen wir uns beim besten Willen nicht trennen können, Gegenstände, die uns mehr beeinflussen, als wir es ahnen, Beschäftigungen, ohne die wir ein ganz anderes Leben gelebt hätten. Und wer weiß, was das für ein Leben gewesen wäre. Wenn ich an diese Gegenstände und Beschäftigungen denke, meine ich natürlich Rock'n'Roll.

2. Platten

Ich hatte Glück: Als ich anfing, Platten zu sammeln, bröckelte das sozialistische Lager bereits und brach schließlich auseinander, die Sowjetideologie hatte Risse bekommen, und schon Ende der achtziger Jahre konnte man in jedem

Musikgeschäft die Rockklassiker in sowjetischen Editionen kaufen (Raubkopien natürlich). Das galt nicht als Sabotage gegen den Sozialismus, sondern das „Reich des Bösen" hat damit einfach Kohle gemacht. Ich hab einfach Glück gehabt, sage ich mir heute, einfach nur riesiges Glück. Mein Bruder bekam zum Geburtstag einen Plattenspieler und eine Schallplatte geschenkt. Für Musik hatte er nicht sonderlich viel übrig, also vereinsamte die Schallplatte neben dem Plattenspieler. Bis ich in das entsprechende Alter kam. Das Interesse am Rock'n'Roll hat mein Onkel in mir geweckt. Schon seit den sechziger Jahren sammelte er Rockmusik und kannte sich bestens aus. Er lehrte (was heißt lehrte, er lehrt noch heute) Mathematik an der Hochschule für Luftfahrt in Charkiw, las „demokratische" Bücher und lehnte die Sowjetunion aus Überzeugung ab. Meine Eltern begegneten seinen Ansichten mit Misstrauen, wodurch er in meiner Achtung nur stieg. Außerdem war er ein Beatles-Freak. Er war es, der mir erklärte, dass normale Männer Rock'n'Roll hören sollten und nicht den ganzen Rotz, der im Fernsehen lief. Er war es, der meiner Plattensammlung Stück um Stück hinzufügte. Die sowjetische Plattenfirma Melodija, die bis 1986 das Monopol für Schallplatten besaß, und auch einige neue Labels, die in der Perestrojka entstanden waren und Melodija das Leben schwer machten, sie alle brachten ihre Platten in einer derart miesen Qualität heraus, dass mein beatlesverrückter Onkel behauptete, man könne diese Platten nur einige wenige Male auflegen. Wenn er die Platten also drei- oder viermal gehört hatte, wanderten die ganzen Beatles-, Stones- und Queen-Scheiben der sowjetischen (manchmal auch polnischen oder bulgarischen!) Labels in meine Teenagersammlung. Sowjetrock lehnte mein Onkel ab, er hielt ihn – heute muss ich ihm

Recht geben – für Abklatsch und fand ihn musikalisch uninteressant. Auch die Westmusik aus der Zeit nach 1975 war für ihn keine Musik, sowjetische Amateurbands fand er völlig indiskutabel. Ich war nicht so festgelegt und streng, ich mochte den sowjetischen Rock schon allein deshalb, weil ich die Texte verstand. Damals interessierten mich die Texte mehr als die Arrangements. Deswegen kaufte ich alle möglichen Aufnahmen sowjetischer Rockbands, die in dieser verrückten Zeit herauskamen. Und die Zeit war wirklich verrückt: Das System verlor die letzten Reste seiner früheren Unantastbarkeit und Autorität, und plötzlich gab es überall Rebellen, die ganze Stadien füllten und deren erste Platten sich hunderttausend Mal verkauften. Das hatte einen besonderen Reiz. Für mich jedenfalls. Meine Eltern konnten mit dieser Musik nichts anfangen, mein Bruder hörte sie nicht, die meisten meiner Freunde hielten nichts davon, die Lehrer lehnten sie ab: Grund genug, sie zu mögen. Binnen weniger Jahre hatte ich eine ziemlich große und bunte Sammlung zusammengetragen. Die Plattenqualität war mies, manche Platten taugten gar nichts, aber das hielt mich nicht ab. Mit dieser Musik bin ich erwachsen geworden, das waren meine ersten eigenen Entscheidungen und Handlungen, es war die Zeit, die meine musikalischen Vorlieben und Abneigungen geprägt hat. Bloß gut, dass diese Musik und nicht Mozart oder so aus meinen Lautsprechern kam! Als Teenager hat man alle möglichen Illusionen, und ich bin froh, dass ich die meisten heute noch habe. Niemand hätte mir damals einreden können, dass es etwas Besseres und Frischeres geben könnte als die Rolling Stones! Der eine wollte unbedingt einen Markentrainingsanzug, der andere ein Auto aus hiesiger Produktion, und ich wollte unbedingt auf ein Stones-Konzert! Die Zeit hat alles gerichtet: Ich hatte nie einen Markentrainingsanzug (was hoffentlich so bleibt), ich hatte nie ein Auto (schon gar kein hiesiges Fabrikat), aber ich war auf einem Stones-Konzert. Und auch wenn ich zu der Zeit meine Plattenjahre schon lange hinter mir hatte und mich das Konzert nicht besonders begeistert hat, finde ich die Musik der Stones immer noch authentisch. Das alles war viel später, zu der Zeit, Anfang der Neunziger, hörte ich bis zum Abwinken *Sticky Fingers*, die russische Edition, die in Sankt Petersburg im „Produktionsstudio für Rock'n'Roll-Musik der Vereinigten Evangelisch-Lutherischen Kirche Russlands" herausgekommen war, mit einem Koppel der Sowjetarmee an der legendären Jeans auf dem Cover und der russischen Trikolore auf dem Label. Wir fanden uns auf einmal in einer neuen Zeit wieder, wechselten Wohnort, Staatsbürgerschaft und die politische Orientierung; die Welt um uns herum war eine andere und Vinyl bei weitem nicht mehr das Wichtigste. Außerdem war es hoffnungslos veraltet: Es kamen neue Medien, eine neue Ästhetik und schließlich auch neue Musik. Wir lebten in einem neuen Land, viele hatten nicht mal Geld für Brot, von Platten ganz zu schweigen.

Ich ließ meine Platten bei meinen Eltern. Ich war in eine andere Stadt gezogen, und wenn ich Musik hören wollte, ging ich nun auf Konzerte. Ich war älter geworden, und ich glaubte, mein Leben hätte sich stark verändert. Meinen Plattenspieler und die großen Holzlautsprecher wollte ich nicht mitschleppen. All das blieb in einer vergangenen Wirklichkeit zurück wie die süße Erinnerung an eine glückliche Kindheit. Bei glücklicher Kindheit denkt manch einer an Buntstifte, ich denke an das erste Album von Black Sabbath. Als ich eines Tages zu meinen Eltern kam, war der Plattenspieler weg. Entfernte Bekannte hatten ihn mitgenommen und verhökert. Danach verschwanden die Lautsprecher. Einen Teil der Platten hatten die Nachbarsgören fortgeschleppt. Einen anderen Teil hat mein Neffe kaputtgemacht. Der Rest lag da wie in froher Erwartung. Bye-bye, sagte ich meinen Platten hin und wieder. Macht's gut, meine Rockstars. Die Zeit ist gnadenlos. Vor allem gegenüber Rebellen und Stars. Alles hat sich geändert, allerdings nicht gerade zum Besseren. Ich kann eure Engelsstimmen nicht hören, weil mir nämlich schlicht und einfach das Gerät fehlt. Ruhet in Frieden, verschwindet unter Staub und Vergessen, ihr habt euch eure Rente redlich verdient, ich bin dankbar für das, was ihr mit mir, was ihr aus mir gemacht habt. In der Welt geht's jetzt anders zu, und Musik hört man heute anders.

1996 habe ich meine erste CD gekauft. Es gibt kein Zurück zu dem alten, wohligen Gefühl, hab ich mir gesagt, los geht's, stoß die Türe auf in diese phantastische Welt. Sie macht unzählige Angebote, da reicht mein Leben nicht aus, um sich durch die ganze Musik dieser beschissenen Zivilisation zu hören. Aber ich werde mir Mühe geben.

Und wieder tat die Zeit das Ihre. Zum Geburtstag bekam ich dieses Jahr einen neuen Plattenspieler geschenkt. Meine persönliche Geschichte war wieder an ihrem Ausgangspunkt angekommen, mir ging's plötzlich wie meinem Bruder – ich hatte einen Plattenspieler und keine einzige Scheibe. Mmh, überlegte ich, wo kriegen die Leute denn heute Platten her? Irgendwo muss es doch noch welche geben? Irgendwo müssen die doch sein? Und alles ging wieder von vorn los. Natürlich musste ich all meinen Freunden und Bekannten gleich sagen, dass ich wieder Platten sammle.

Ich klickte mich durch Webforen, in denen der größte Schrott angeboten wurde. Die meisten meiner Bekannten hatten ihre Plattensammlung noch, kaum einer traute sich, diese längst überflüssig gewordene Musik wegzuschmeißen. Die wenigsten von uns können sich von persönlichen Sachen trennen, selbst wenn sie schon lange ausgedient haben. Musik gehört natürlich auch dazu. Viele Freunde haben mir die Reste ihrer alten Sammlungen gegeben. Am Anfang habe ich alles genommen, später wurde ich wählerisch. Jetzt steht bei mir ein merkwürdiges Sammelsurium: sowjetische, polnische, bulgarische, jugoslawische, kubanische Platten. Sogar das in Indien herausgebrachte New Yorker Live-Konzert von John Lennon ist dabei. Außerdem habe ich ein paar Plattenhändler auf dem Büchermarkt ausfindig gemacht. Sie teilen die Scheiben in drei Kategorien: Sowjetunion, sozialistisches Lager (die Plattenhändler nennen sie „Demokraten") und Marken. Marken sind richtig teuer. Zuletzt bin ich zur *Balka* gefahren, auf den Musikmarkt. Dort war alles noch so wie vor zwanzig Jahren, wie damals standen da die komischen Gestalten, die alten Spekulanten, die wie eh und je hartnäckig, ausdauernd und erfolglos versuchten, einem Gutgläubigen wie mir ihre Markenplatten anzudrehen. Für sie war die Zeit offenbar stehengeblieben. Für sie gab es kein mp3, keine CDs, kein Internet. Ihre Platten waren für sie wie reinrassige Welpen, nur abzugeben in treue Hände und zu einem anständigen Preis. Hier stand auch mein Onkel. Ich hatte ihn vielleicht drei Jahre nicht gesehen. Er hatte einen Stapel CDs mit Free Jazz dabei, zum Tauschen. Schallplatten hörte er schon lange nicht mehr. Als er von meiner neuen Sammlung erfuhr, war er sofort zur Stelle und gab mir gute Ratschläge. Brachte mich zu seinen Bekannten, stöberte in ihren Platten. Warnte mich eindringlich, das zweite Album von The Who zu nehmen, und kam langsam mit dem Plattenbesitzer ins Gespräch, es entspann sich eine Diskussion, es fielen Zitate und Namen der Rock'n'Roll-Götter. Ich geriet in Vergessenheit. Ich machte mich still davon und fuhr nach Hause zu meinen Platten.

3. Tonbänder

Aber Platten allein machen nicht selig. Es gab noch eine weitere, vollkommen legale und verfügbare Form der Liebe zum Rock'n'Roll, und zwar Tonbänder. Wahrscheinlich gibt es sie heute nicht mal mehr im öffentlichen Rundfunk, vermutlich sind sie längst entmagnetisiert und in die ewige Seligkeit entschwunden. Seinerzeit hatte ich ganze Kilometer von Bändern, Kilometer voller Freude und Vergnügen. Auch das Tonbandgerät hatte mein Bruder geschenkt bekommen, und auch daran hatte er kein großes Interesse. Als ich ganz klein war, nahm er mein furchtbares Gesinge mit einem Mikro auf. Dieses Band hat sich zum Glück auch entmagnetisiert. Mit demselben Mikro nahm mein Bruder Anfang der Achtziger aktuelle Schlagermusik aus dem Fernsehen auf, denn kaufen konnte man sie so gut wie gar nicht. Die Unterhaltungsbranche war nicht gerade das bevorzugte Gebiet der sowjetischen Freizeit, was soll's. Mir gefielen die Bänder, sie sahen solide und rätselhaft aus, sie gaben Gestaltungsspielraum, man konnte etwas Zusätzliches aufnehmen und später löschen. Allein die Beschaffenheit der Bänder war für heutige Verhältnisse völlig unvorstellbar, sie spottet jeder Beschreibung: Die Bänder gingen schnell kaputt, rissen oder gaben Bandsalat, verstaubten und taugten nichts mehr. Tonbänder und Platten gehören in das letzte Jahrhundert, ja Jahrtausend, viel zu schnell und unbemerkt sind sie Retro geworden, und ich sitze nun da und versuche mich zu erinnern, wie sie ausgesehen haben, wie sie sich angefühlt haben und was es für eine Plage war.

Mein Bruder und ich hatten das alte Tonbandgerät ziemlich schnell ruiniert und gedachten ein neues zu kaufen. Die Zeiten änderten sich vor unseren Augen, aber gegen den Mangel an technischen Geräten in den späten Sowjetjahren war nichts zu machen. Aber wir hatten wieder Glück, wir bekamen ein passendes Gerät mit guten Lautsprechern und nun sammelte ich zusätzlich zu den Platten auch noch Tonbänder. Ich überspielte sie in Tonstudios, die damals, Ende der Achtziger, Anfang der Neunziger mit den neu gegründeten Genossenschaften wie Pilze aus dem Boden schossen. Sogar unsere Kleinstadt hatte ihr eigenes Studio. Es befand sich im Vergnügungspark, im selben Gebäude wie der Videosaal, und symbolisierte den Siegeszug der bourgeoisen Popkultur über unsere labile Komsomol-Psyche. Gespannt und begeistert saßen wir da drin und sahen uns die Filme mit Sylvester Stallone an, und dann dieser klägliche und kurzlebige Heavy Metal, peinlich, wenn man heute dran denkt. Und trotzdem denkt man dran. Unser Tonstudio hatte nicht viel zu bieten, also brachte ich meistens Musik aus Charkiw mit, wenn ich zu meinem Onkel, dem Beatles-Freak, fuhr. Oft waren die Tonstudios auch in irgendwelchen Metallbuden oder Kabuffs in Kaufhäusern. In den Buden oder Kabuffs saß meistens ein Junkie, der alles über Rock'n'Roll wusste und seinen Vorteil draus zog. Das war ihre Zeit, die Zeit der Unangepassten und Rocker, der Jazzer und Blueser. Fünf Jahre früher wären sie für solche Geschäfte vielleicht noch in den Knast marschiert, aber mittlerweile war das eine legale Unternehmung, und sie machten das, so gut sie konnten. Sie hatten in ihrer Bude ein paar Tonbandgeräte stehen, die rund um die Uhr Bänder überspielten und damit die frischbekehrten Freunde des Schönen, mich zum Beispiel, beglückten. An der Wand vor dem Kabuff hingen Listen mit Gruppen und Aufnahmen. Von weitem sah das aus wie eine Gedenktafel für die Gefallenen im Rock'n'Roll-Krieg, die Namen der Helden alphabetisch aufgelistet. Das Gute an den Bändern war: Wenn du ein 60-Minuten-Band hattest (also 30 Minuten auf jeder Seite), konntest du zwei Alben überspielen, und die Junkies, die sich mit ihren Kunden auskannten, überspielten auf den verbleibenden Rest noch ein paar Stücke nach ihrem eigenen Geschmack. Manchmal waren diese zusätzlichen Stücke viel interessanter als das, was man bestellt hatte, und man bekam zu den wahnsinnig populären ACDC oder Accept die wundervollen The Stooges oder sogar The Velvet Underground. Außerdem waren Tonbänder bei weitem nicht so verbreitet, und im Gegensatz zu Plattenspielern hatte nicht jeder ein Tonbandgerät, so waren die Aufnahmen privater, intimer. Platten wurden von allen getauscht und geliehen, sie machten in Gruppen und unter Bekannten die Runde. Die Bänder hingegen standen im Schrank, nahmen eine Menge Platz weg und waren weniger attraktiv. Vielleicht empfand ich sie deshalb als etwas Intimes, etwas, das nur mir gehörte, so wie Tagebücher. Oder eine Krankengeschichte.

Die Studios hielten sich bis in die Neunziger. Dann ging's bergab, und die Musik war so ziemlich als erstes betroffen. Unsere ganzen Rockstars, die wir in den zurückliegenden Jahren rauf- und runtergehört hatten, gerieten in die Versuchung von Ehre und Geld. Der Kapitalismus gab unserem Land den Rock'n'Roll, und der Kapitalismus gab ihm auch den Rest. Ende der Achtziger füllte jede Gruppe, die halbwegs ein paar Instrumente spielen konnte, ohne größere Probleme jeden Saal (plötzlich waren Informationen zugänglich, die Menschen stürzten sich blindlings und gierig auf alles, saugten alles auf, Zeitungen und Zeitschriften hatten unglaubliche Auflagen, Rockmusiker, die abends im Fernsehen gezeigt worden waren, erwachten am nächsten Morgen als Stars und spielten in vollen Stadien!), Anfang der Neunziger kam dann der radikale Wandel: Finanzkrise, ideologischer Absturz, Weltanschauungsschizophrenie, Alltagsverdrossenheit – wer brauchte in dieser Situation schon Protestmusik? Wer brauchte überhaupt Protest? Zum x-ten Mal änderten sich die Spielregeln, änderten sich die Prioritäten, und die Tonstudios machten eins nach dem anderen dicht. Was wohl aus den Junkies geworden sein mag, die dort gearbeitet haben? Eine Yacht werden sie sich wohl nicht gekauft haben von dem Geld, das sie mit den Raubkopien der Pink-Floyd-Bänder verdient hatten. Wahrscheinlich sind sie irgendwo in der Depression untergegangen wie in einem Wintermeer, das für ein ganzes Jahrzehnt über unseren Städten stand. Und mitten in all den Abstürzen, mitten in all den ökonomischen und sozialen Katastrophen, mitten im Tod der Freunde und dem Verfall des Rock'n'Roll haben ihre Herzen ausgesetzt und sich entmagnetisiert wie die alten Bänder mit ihrer Musik von Freiheit und Ungehorsam.

4. Kassetten

Aber das ist noch nicht alles. Denn Tod und Untergang unserer Phonotheken bedeuten noch lange nicht, dass wir uns von der Musik abwenden. Die Musik lehrt uns laufen und gibt uns einen eigenen Gang, sie bringt uns bei, die wichtigen Wörter richtig auszusprechen und im entscheidenden Moment den Ton zu treffen. Halb so schlimm also, die verschwundenen Sammlungen, die ausgeleierten Bänder, die verstaubten Platten. Mitte der Neunziger schaffte ich mir einen Kassettenrekorder an und machte noch einen Versuch. Dieselbe Musik, dieselben Alben, dieselben Künstler hörte ich mir nun auf Kassette an. Kassetten bekam man in den Neunzigern an Kiosken. Plötzlich standen an zentralen Straßen, an O-Bus-Haltestellen und in Fußgängerunterführungen Kioske, und genauso plötzlich waren sie wieder verschwunden, sie haben den Kampf um den Platz an der Sonne nicht überstanden. An den Kiosken wurden aus Polen importierte oder vor Ort überspielte Raubkopien verkauft. Die Qualität war schauderhaft. Aber damals hatte alles eine schauderhafte Qualität. Also musste man Kompromisse machen – was war schon eine Wirtschaftskrise gegen die Liebe zum Rock'n'Roll? Ich kann mich noch daran erinnern, wie schrecklich sie klangen, diese zusammengestoppelten polnischen Aufnahmen von den Sex Pistols und The Clash. Wer glaubt, dass die Sex Pistols sowieso furchtbar klingen, liegt falsch, eigentlich klingen sie himmlisch, wenn's nicht gerade eine polnische Raubkopie ist. Nach einiger Zeit hatte ich einen ganzen Haufen Kassetten: Sie waren irgendwo und irgendwie aufgenommen worden, mit Songs, die an den interessantesten Stellen plötzlich abbrachen, in Plastikhüllen, die zerknackten und zerbrachen. Mir war von Anfang an klar, dass die Sammlung nichts Halbes und nichts Ganzes war und nicht von Dauer sein würde – alle Welt hörte bereits CDs (ich hatte auch ein paar, aber kein Gerät, um sie abzuspielen), ich dachte, früher oder später würde man hier auch anfangen, Raubkopien zu pressen und sie zu Schleuderpreisen zu verhökern, und dann wäre es ein für alle Mal aus mit diesen lächerlichen, schäbigen Kassetten, die unprofessionell aussahen und noch schlimmer klangen. So ist es schließlich auch gekommen: Schon in den Nullerjahren des neuen Jahrhunderts warfen die Teenager von gestern ihre Kassetten haufenweise auf den Müll, denn wer will sich schon mit etwas herumplagen, das ausstirbt, das out ist, das nicht mehr in die Zeit passt, dessen Funktion niemand mehr kennt, dessen Name verhunzt wird. Ich zum Beispiel habe meine Kassetten weggeschmissen. Und ihnen nie nachgetrauert.

5.

Und welchen Dingen sollte man wirklich nachtrauern? Den unwiederbringlichen Verlusten, die als Wüste und undurchdringliches Dunkel von dir bleiben. Nachtrauern kann man den verlorenen Freunden, der Familie und den Angehörigen, der verlorenen Erinnerung, der verlorenen Fähigkeit zu lieben. Den verlorenen Aufnahmen braucht man nicht nachzutrauern. Sie lassen sich schnell wiederfinden und erneuern. Die Spielregeln haben sich x-Mal geändert, alles ist leicht und erreichbar geworden, und unsere Vergangenheit liegt wie eine Last auf unseren Schultern, wie schwere Koffer, die man gerne loswerden möchte, mit denen man so schlecht vorwärts kommt. Was also bleibt? Es bleibt die Auswahl zu treffen – entweder hältst du dich weiter an das, was dich erfüllt und aufwühlt oder du schüttelst das zweifelhafte Erbe ab, läufst in den kalten Morgennebel in der Hoffnung, dort nicht mit den Monstern und Gespenstern deiner Vergangenheit zusammenzuprallen. Mir war es immer wichtig, den ganzen Ballast mitzuschleppen, die Listen und Positionen, die alphabetischen Verzeichnisse und

Mannschaftsaufstellungen. Es kam mir immer kleinmütig vor, Dinge zurückzulassen, denen ich einmal meine Liebe geschworen hatte, Gewohnheiten zu ändern, die seinerzeit mir und meinen Freunden das Leben zerstört hatten. Das hat natürlich nichts mit meinen konservativen Ansichten zu tun, von denen die Rede war. Eher noch mit Gleichgewicht und Gelassenheit. Es ist mir wichtig, all meine Vorlieben zu behalten, sie erhalten mir meine gute Laune und guten Humor. Ich klammere mich an Dinge, die schon lange keiner mehr richtig benutzt, die einfach aus dem Leben, aus unseren Unterhaltungen verschwunden sind und für die niemand mehr Interesse zeigt. Warum? Vielleicht aus einem Gefühl der Verpflichtung denen gegenüber, die all diese Tage und Monate mit mir gelebt haben, die am Leben geblieben sind (oder nicht), die gestorben sind, zusammen mit diesem Land, das keiner von uns richtig geliebt hat. Und weil wir in diesem Leben alle miteinander verbunden sind, mit unserer Vergangenheit, mit unserer Erinnerung, mit unseren Städten, in denen wir gelebt haben, mit den Worten, die wir gesagt haben. Und wenn du auch nur eins davon vergisst, wird etwas anders, es entsteht eine Leere, das Dunkel nimmt zu und das Verstehen nimmt ab. Und deswegen entlasse ich niemandem aus meinem Gedächtnis, weder Verkäufer noch Zwischenhändler, weder Musikwissenschaftler noch Scharlatane, weder Musik- noch Rasta- noch Beatles-Freaks – keinen einzigen von denen, mit denen ich gelebt habe in dieser wundervollen Zeit in diesem wundervollen Land, dessen Luft immer erfüllt war von Bitterkeit, Liebe und Rock'n'Roll.

Aus dem Ukrainischen von Claudia Dathe

Gonçalo M. Tavares

ALTE WÖRTER, DAS ABSTRAKTE UND
DER STILLE NIEDERGANG EUROPAS

1. Über die alten, außer Gebrauch gekommenen Wörter

Ein Wort, das im täglichen Leben oder in den Büchern
jahrzehntelang nicht mehr verwendet wird und nur noch
im Wörterbuch zu finden ist, sieht sich folgendem Schicksal
ausgesetzt: Es wird zum toten Wort. Deshalb kann das
Wörterbuch auch als Vorzimmer des Todes bezeichnet werden. Bestimmte Wörter scheinen dort still und stumm (im
wörtlichen wie im übertragenen Sinne) zu verharren, weil
sie nicht sprechen, niemand für sie spricht und niemand sie
ausspricht – als warteten sie dort, hintereinander aufgereiht,
auf ihre eigene Totenwache.

Doch wir können unseren Standpunkt auch radikal ändern: Das Wörterbuch mit seinen Tausenden und Aber-
tausenden von Wörtern kann auch als Depot gegen das
Vergessen, als riesiges Archiv verstanden werden. Hier also
eine weitere mögliche Bezeichnung für das Wörterbuch:
Instrument zur Vermeidung des Vergessens.

Stellen wir uns spaßeshalber vor, die Wörterbücher
würden verschwinden. Irgendein politisches System würde
ihre Zerstörung anordnen. Das wäre sicherlich ein großes
Sterben. In wenigen Jahrzehnten würden die Wörter wie die
Drosseln aussterben. Und wenn schließlich kein einziges
Buch mehr existieren würde und uns nur noch die gespro-

chene Sprache, die Sprache der schnellen Unterhaltungen bliebe, wäre unser Vokabular auf das Essentiellste und Minimalste reduziert: ja, nein, Essen, Trinken etc. Dadurch könnten wir sprachlich zwar die Bedürfnisse unseres Organismus zum Ausdruck bringen, doch gewiss nicht die des Geistes.

Das Aufschlagen des Wörterbuchs wird so zum Akt des Widerstands und der Rettung: Ich begnüge mich nicht nur mit den Wörtern, die ich höre oder in den gängigen Büchern finde. Wir schlagen das Wörterbuch willkürlich auf der Seite 310 und anschließend auf der Seite 315 auf, stets mit dem festen Vorsatz, auf jeder Seite zwei bis drei Wörter zu retten. Wie jemand, der einen Ertrinkenden rettet. Denn es ist kein Zufall, dass viele Mythologien das Vergessen mit dem Bild des Flusses gleichsetzen. Mit dem Wasser, in dem die Dinge versinken und von der Oberfläche aus nicht mehr gesehen werden können, aus dem Blickfeld verschwinden. Der strömende Fluss wird somit auch zur Metapher für die Zeit, die vergeht und das, was wir gerade noch ganz lebendig vor uns hatten, mit sich nimmt und versinken lässt. Ein Wörterbuch aufschlagen heißt also in gewisser Weise auch, Wörter aus dem Wasser zu retten, das verschlingt und vergessen lässt.

Mit der Mentalität eines Rettungsschwimmers öffnen wir nun aufs Geratewohl das Wörterbuch und bringen mehr oder weniger seltene Wörter zutage. Manche dieser Wörter schwimmen schon lange unter der Wasseroberfläche, mühsam oder auch mühelos, weil sie robuster, sichtbarer und immer noch anregend sind (einige kennen wir aus unseren Klassikern).

Nehmen wir uns also den Buchstaben K vor. Nach dem Zufallsprinzip, schnell.

kläterig – Adjektiv, das armselig bedeutet.

knüselig – (Regionalismus) unsauber.

Kapo – Vorarbeiter.

krud – grausam, roh.

Und dann stolpern wir über Wörter mit populärer, sprechender Bedeutung, die lustig klingen:

Kurpfuscher – ein unfähiger Arzt ohne ärztliche Ausbildung, ein Quacksalber.

Und hieraus bilden wir nun einen plausiblen Satz, den wir in einer Kaffeehausunterhaltung anbringen könnten (ein Satz, der auf dem Buchstaben K basiert):

– Der knüselige Kapo betrat krude den kläterigen Raum des Kurpfuschers und sagte: „Hier nicht, bitte, heilen Sie woanders".

Aber man kann ein Wort natürlich nicht dadurch retten, dass man es aus dem Wörterbuch herauslöst, sich in sein Schlafzimmer einsperrt und es hundertmal vor sich hinsagt. Der Instinkt für die Wörterrettung zeigt sich in einem Gemeinschaftssinn. Es geht darum, ein Wort in Umlauf zu bringen und zu erreichen, dass wir es quasi in der Luft sehen können (so, wie wir bei sehr kaltem Wetter den warmen Atem vor dem Mund sehen). Es geht also darum, das Wort auszusprechen oder zu schreiben und es so anderen Menschen zu Ohren kommen zu lassen; und die Ohren müssen das Wort aufnehmen, wie man bei sich zu Hause ein altes, geschätztes Familienmitglied aufnimmt, von dem man lange nichts gehört hat. Gastfreundliche Ohren und Augen sind also ganz entscheidend für diesen Rettungsprozess.

Ein mögliches Projekt könnte also sein, sich nicht nur in der Natur zu engagieren, damit vom Aussterben bedrohte Tierarten nicht verschwinden, sondern auch in der Stadt, in den Cafés, auf Bürgersteigen, in Häusern und in Wohnungen, damit vom Aussterben bedrohte oder bereits nahezu verschwundene Wörter nicht gänzlich untergehen.

Wir könnten zum Beispiel sagen: Dieses Wort habe ich lange nicht mehr gehört, so, wie man in einem bestimmten Wald sagt, man habe dort lange keine Eichhörnchen mehr gesehen. Und damit haben wir gleich zwei Dinge zu beklagen.

Oder wir könnten ausrufen: Was sind das nur für krude Menschen! Das verbessert zwar nicht die Menschen, macht jedoch unseren Satz über die Menschen ausgefeilter. Denn selbst, wenn wir über krude Menschen sprechen, sollten wir auf sprachliche Eleganz achten.

2. Die Herausbildung Europas:
Langsamkeit und dann Schnelligkeit

„Um seine Geduldsmuskeln zu trainieren, legte Herr Calvin einen kleinen Kaffeelöffel neben eine riesige Schaufel; neben eine Schaufel, die normalerweise für größere Bauvorhaben verwendet wird. Anschließend stellte er sich selbst ein unmissverständliches Ziel: Er sollte einen Erdhaufen (50 Kilo Welt) von Punkt A nach Punkt B transportieren, welche 15 Meter voneinander entfernt lagen.

Die Riesenschaufel blieb stets auf dem Boden liegen, unberührt, aber sichtbar. Zur Durchführung der Aufgabe, den Erdhaufen von einem Punkt zum anderen zu transportieren, benutzte Calvin den winzigen Kaffeelöffel, den er mit allen ihm zur Verfügung stehenden Muskeln fest-

hielt. Durch den kleinen Löffel wurde jedes winzige Stück-
chen Erde in gewisser Weise von Herrn Calvins wacher
Neugier liebkost."

Wie hat sich Europa parallel zur sprachlichen Entwicklung
eines jeden Landes herausgebildet?

Auf der einen Seite gab es die zur Verfügung stehenden
Länder, aufgestapelt wie auf einem Berg. Dann wurden sie
eines nach dem anderen oder maximal zwei auf einmal von
A nach B gebracht (die Länder). Und alle Länder wollten in B
sein – im vereinten Europa. Anfangs wurde dieser Transport
von einem Punkt zum anderen, wie mir scheint, mit dem
Teelöffel ausgeführt: langsam, vorsichtig, und jedes neue
Land wurde genauestens begutachtet. Später dann schien das
Bauvorhaben Europa in Verzug geraten zu sein: Man machte
mit der Schaufel weiter, und zwar sehr schnell. Man brachte
keine Geduld mehr auf, alles musste auf einmal sehr schnell
gehen.

3. Trotz der Sprache:
Nach der Schnelligkeit der Niedergang

„Aus einer Höhe von über dreißig Stockwerken wirft je-
mand Calvins Schuhe und die Krawatte aus dem Fenster.
Calvin hat keine Zeit zu überlegen, er ist spät dran, also
stürzt er sich ebenfalls aus dem Fenster, seinen Sachen hin-
terher. Noch in der Luft erwischt er die Schuhe. Zuerst den
rechten. Er zieht ihn an; danach den linken. Während des
Niedergangs sucht er in der Luft nach der besten Position,
um die Schnürsenkel zu binden. Beim linken Schuh miss-
lingt ihm dies zunächst, doch beim zweiten Versuch schafft
er es. Er blickt nach unten, man sieht bereits den Boden.

Aber die Krawatte fehlt noch. Calvin stürzt nun kopfüber. Mit der rechten Hand schnappt er sich ruckartig die Krawatte und bindet mit schnellen, aber geschickten Fingern den Knoten: Die Krawatte sitzt. Erneut wirft er einen Blick auf seine Schuhe: Die Schnürsenkel sind fest. Dann rückt er ein letztes Mal den Krawattenknoten zurecht, gerade noch rechtzeitig, denn nun ist es so weit: Tadellos gekleidet kommt er am Boden an."

Eine weitere fiktive Geschichte. Wir könnten meinen, ihr Protagonist sei ein eitler, nur um sein Äußeres besorgter Mensch, dem es (selbst in Zeiten des Niedergangs, des Unglücks, der Tragödie) lediglich wichtig ist, dass Krawatte und Schnürsenkel stramm sitzen. Das ist ohne Zweifel eine mögliche Sichtweise. Doch es gibt noch andere Lesarten für diese Geschichte. Eine davon ist völlig konträr. Wir können es nämlich auch so sehen, dass es diesem niedergehenden Herrn (diesem Land oder Kontinent, Europa), obwohl er sich gerade im Niedergang und in einer Tragödie befindet, gelingt, Ruhe und Ordnung zu bewahren. Selbst im Niedergang weiß er sich zu orientieren, und zwar im wahrsten Sinne des Wortes. Er weiß, wo links und wo rechts ist, und er kann handeln – den Krawattenknoten und die Schnürsenkel binden – und das sogar ohne jede Hilfe (der Begriff des Niedergangs besagt nämlich genau das: dass ein in der Luft befindlicher Körper sich mit großer Geschwindigkeit auf den Boden zubewegt, und zwar ohne jegliche Hilfe). Bei dieser zweiten Lesart wird dieser Mensch nicht als ein eitles, nur auf Äußerlichkeiten bedachtes Wesen, sondern als herausragendes Beispiel gesehen, weil er selbst während des Niedergangs noch die Ruhe bewahrt und zu handeln vermag.

Ich blicke auf Europa und sehe es so: Während es niedergeht, bindet es sich die Schnürsenkel und den Krawattenknoten. Wäre es vernünftiger, sich mit offenen Schuhen
fallen zu lassen?

Aber welche Alternativen bleiben dem, der fällt? Das ist
hier die Frage. Denn in der Tat befindet sich nicht nur ein
Land im Niedergang, sondern ein ganzer Kontinent. Was
soll man also tun, während man niedergeht? Schreien?
Diejenigen beleidigen, die uns haben niedergehen lassen?
Beten? Versuchen, im Augenblick des Niedergangs eine
Lösung für die Aufhebung der Schwerkraft zu finden?

Die europäische Frage ist derzeit folgende: Was tun,
während man niedergeht? Es geht nicht mehr darum, etwas
zu tun, um den Niedergang zu vermeiden, sondern darum,
Strategien für den Niedergang zu entwickeln, eine Möglichkeit zu finden, niederzugehen, ohne sich weh zu tun.
Daran denken bereits viele Länder. Das ist ein Gedanke aus
dem Judo, und er ist derzeit der sinnvollste: Ich weiß, dass
ich niedergehen werde, daher übe ich das Fallen. Ich gehe
in die Turnhalle und übe Woche um Woche, wie man fällt.
Das ist in der Tat das Vernünftigste. Das Land, das glaubt,
es werde niemals niedergehen, das sich hart und stolz gibt
und nicht das richtige Fallen übt, wird sich beim Niedergang mehrere Knochen brechen, so viel ist sicher. Was ist
also ein Judo-Land? Es ist ein Land, das sich keine Illusionen macht über die Kraft des anderen (der andere – wer
auch immer der Gegner ist – hat genügend Kraft, mich nie-
derzuwerfen) und auch nicht über die Schwerkraft: Die
Natur wird, auch wenn sie mich noch so sehr mag, die
Schwerkraft nicht aufheben.

In der Tat scheint es für viele Länder bereits weniger um
die Frage zu gehen, ob man niedergeht oder nicht, sondern

darum, ob man nach vorn oder nach hinten fällt. Denn zwischen diesen beiden Arten zu fallen besteht ein großer Unterschied. Nach hinten zu fallen ist viel gefährlicher. Das, was im Judo Ippon genannt wird und die Niederlage eines Judokämpfers bedeutet, ist nämlich genau der Sturz nach hinten.

Der Unterschied zwischen einem Judo-Land und einem Boxer-Land ist also folgender: Beide gehen nieder – doch der Judokämpfer verletzt sich weniger dabei. Europa sollte also noch heute mit dem Judo-Training beginnen.

4. Und auch wegen der Sprache: das Bewusstsein des Niedergangs (Sprache versus Materie)

Aber kommen wir zurück zur Sprache, zu den Wörtern. Es war nicht die Literatur, die sich der Politik zuwandte, es war die Politik, die auf das Feld der Sprache vordrang – sie drang vor, und dort blieb sie. Und mit der Europapolitik kam auch die Wirtschaft. Schon lange geht es in diesem Bereich nicht mehr darum, materielle Dinge zu bewegen, Entscheidungen für die Pflanzenwelt zu treffen (ob Bäume gefällt werden sollen oder nicht) oder für die Tier- und Menschenwelt. Heutzutage wird fast alles auf Zeichenebene entschieden – mit Zahlen und Buchstaben; und damit kehren wir zurück in die kindliche Welt: In Europa glauben wir, dass Striche auf einem Blatt Papier nicht nur Striche sind, sondern der Unterschied zwischen arm und reich.

Es geht um die alte Trennung zwischen dem Zeichen und der Sache, um den berühmten Satz „Das Wort HUND beißt nicht". Wenn wir unsere Finger zwischen die Buchstaben H und D oder auf das U oder das N legen, laufen wir keinerlei Gefahr; unsere Finger bleiben ganz, das H und das D beißen nicht – das ist eine alte linguistische Weisheit. Und diese Trennung war es, die die Moderne einläutete. Die primitiven Gesellschaften glaubten nicht daran; sie glaubten nicht an zwei getrennte Welten. Für die primitiven Gesellschaften war das Zeichen bereits die Sache. Die Zeichnung des Hirschs war nicht die Zeichnung des Hirschs, sondern der Hirsch selbst. Es machte keinen Unterschied.

In gewisser Weise hat Europa – seit einigen Jahrzehnten schon – seine primitive Seite betont. Es glaubte wieder an die Magie. Fast die gesamte Wirtschaft ist heute in der abstrakten Welt verwurzelt, in der Welt der Buchstaben und der Zahlen – und nicht in der Welt der greifbaren Materie. Denn so sah die alte Wirtschaft aus: Zwei Kühe wurden gegen tausend Hühner eingetauscht; Fabriken und Maschinen, Bäume wurden gekauft und wieder verkauft. Doch nach und nach verschwanden die lebendigen Elemente und die Quadratmeter von der Bildfläche. Übrig blieben Papiere mit Zeichen und Zahlen, und Europa wandelte sich so zu einem *neuen primitiven Kontinent*, in dem die Menschen dieselben Verhaltensweisen an den Tag legten wie amazonische Volksstämme, die Zeichen für reale Dinge hielten und glaubten, der Buchstabe A oder eine Zeichnung könne sie erdrücken oder verfluchen.

Wenn wir den Satz „Dieses Papier ist hunderttausend Euro Wert" auf ein Blatt Papier schreiben, glauben wir bestimmt nicht, dass das vormals weiße Blatt Papier auf einmal 100.000 Euro wert ist. Abstrahieren wir jedoch ein wenig, dann werden wir sehen, dass der ganze wirtschaftliche Niedergang, den wir derzeit erleben, teilweise einem ähnlichen Prozess, nur in größerem Ausmaß, geschuldet ist.

Die abstrakte Wirtschaft hat genau dort, nämlich auf dem Gebiet des Glaubens, Fuß gefasst. Wer ein offizielles Papier mit einem bestimmten Symbol oder Stempel (weitere Zeichen) einer Finanzinstitution besitzt, glaubt, dass dieses Papier, eine Aktie beispielsweise, heute zwei Euro, morgen eineinhalb Euro und in der nächsten Woche drei Euro wert ist. Dieses Steigen und Fallen des Aktienwerts ist für Außenstehende, die absolut nichts davon verstehen, noch befremdlicher. Denn es ist nicht nur der feste Glaube an ein Zeichen wie bei den primitiven Gesellschaften, sondern ein fließender Glaube – der den Wert, der dem Zeichen beigemessenen wird, täglich ändert.

Das Absurdeste ist, dass der Glaube an das Abstrakte, diese Rückkehr zum primitiven Gedanken, der die heutige Welt erobert hat, einherging mit einer beispiellosen Zerstörung von konkreter Materie. In Europa wurden Kühe und Schiffe vernichtet, landwirtschaftliche Anbauflächen zu Brachen gemacht, Maschinen zerstört oder gestoppt, weil nicht mehr als nur eine bestimmte Menge produziert werden sollte. Und Jahr für Jahr wurden parallel zwei Prozesse vorangetrieben: die Zerstörung von Dingen, die in dieser Welt Volumen hatten, und die Vermehrung der Papiere ohne Volumen, die Reichtum symbolisierten. Im Grunde glaubte man, der Reichtum läge in den Zeichen, und Kühe, Schiffe oder Quadratmeter seien zwar auch ein Reichtum, aber ein alter, überholter und unzureichender. Ein Reichtum ohne Hygiene, könnte man sagen.

Und jahrelang wurden Papiere hin- und hergeschoben. Kleine Blätter in DIN A4, A5 oder A6, die von Hand zu Hand gingen; und mit jeder Weitergabe schienen diese Blätter wertvoller zu werden. Wie bei einem magischen Staffellauf: Person A gab Person B ein Papier; diese gab es weiter an Person C, diese an D, und der letzte in der Reihe glaubte schließlich, das erhaltene Papier sei bereits das Tausendfache des Ausgangswertes wert.

Die Krise in Europa hat ohne Zweifel zahlreiche Gründe, doch ein Teil des Problems ist folgender: Wir befinden uns derzeit in einer Glaubenskrise. Die Kirche des Abstrakten, der Glaube an das Wertpapier scheint in eine Sackgasse geraten zu sein, und die Zahl ihrer Anhänger verringert sich. Die einen verlassen sie freiwillig, die anderen gegen ihren Willen und viele auf tragische Weise. Und vielleicht findet man über das Ende dieses einen Glaubens zu einem anderen zurück. Die moderne Kirche des Konkreten scheint so schrittweise ihre ehemals starke Position zurückzuerobern – der Glaube an das, was Materie ist: Der Glaube an die Kühe, die Schiffe, die Felder und die Maschinen – er ist wieder da. (Und werden wir auch noch die Zerstörung der Papiere erleben?).

Technologisch und auch in anderer Hinsicht hat Europa große Fortschritte gemacht, doch um nicht nass zu werden, braucht der Europäer immer noch ein materielles Element zwischen seinem Körper und dem Himmel. In der Zeichnung eines Hauses können wir keinen Unterschlupf finden. Das ist der Grund, weshalb Europa gleichzeitig voranzuschreiten und zurückzufallen scheint. Was es versucht, ist nicht leicht: Es möchte die primitive Welt hinter sich lassen *und wieder zur alten Moderne zurückkehren.* Es geht darum, wieder materialistisch zu werden, und zwar im ursprünglichen Sinn des Wortes, und zu dem alten Materialismus zurückzukehren, für den die schweren, ruhigen Kühe das beste Beispiel sind: Ihr Wert ist ihr Gewicht – und das ist gut so.

Aus dem Portugiesischen von Marianne Gareis

Anmerkung:

Die Texte basieren auf Veröffentlichungen in *PressEuropa*, der Zeitung *El País* und dem Magazin *Visão*. Die fiktiven Geschichten stammen aus dem Buch *O Senhor Calvino* aus der Reihe *O BAIRRO* (Das Viertel) von Gonçalo M. Tavares.

Joanna Bator

IM EHEMALS DEUTSCHEN SCHRANK

Als meine Großeltern väterlicherseits auf Arbeitssuche aus
Zentralpolen nach Wałbrzych kamen, war dieses in der
Propagandasprache eine der wichtigsten Städte der Wiedergewonnenen Gebiete. Die Bezeichnung „Wiedergewonnene
Gebiete" impliziert einen Verlust, der nun wettgemacht
wurde. Sogar wenn das schon so lange her war, dass der
Wind der Geschichte den Schmerz des Verlustes verweht
hatte. Wałbrzych, die Stadt, in der ich geboren wurde und
die ersten achtzehn Jahre meines Lebens verbrachte, ging
bereits im 14. Jahrhundert „verloren". „Wiedergewonnen"
wurde die Stadt im Jahre 1945, als kraft des Abkommens
der Großen Troika die Gebiete östlich der Oder und Lausit-
zer Neisse, die vor dem Krieg zu Deutschland gehört hatten,
Polen zugeschlagen wurden. Gleichzeitig wurde die bewaff-
nete Besitznahme der polnischen Ostgebiete durch die
Sowjetunion im Jahre 1939 anerkannt. Polen war ein Stein
auf dem Schachbrett der Großmächte: Daher wurde es zer-
schnitten, zerrissen und zerstückelt. Die östlichen Territo-
rien, die von den Russen besetzten polnischen Kresy –
Randgebiete, wurden für die von dort vertriebenen
Menschen zu Verlorenen Gebieten. Aber nicht nur für sie.
Die Kresy durchtränkte in den folgenden Jahrzehnten ein
Narrativ von großer Wirkungskraft, und als ich ein Teenager
war und nach einer identitätsstiftenden Erzählung hunger-
te, die mir erlauben würde, mich in der Welt heimisch zu

fühlen, erschienen mir die Kresy wie ein Land, in dem Milch, Honig und Erzählungen fließen. Das Phantasiebild des Herrenhofes in den Kresy stellt nach wie vor einen dankbaren Stoff für die polnische Literatur und Kunst dar, und auch für die individuellen Mikrogeschichten, in denen sich authentisches Unrecht vermischt mit dem imaginären Gefühl eigener Größe, eine verständliche Sehnsucht nach Arkadien mit dem Nationalismus, Ressentiments und Xenophobie. Nach den Verlorenen Gebieten im Osten sehnten sich sogar Menschen, deren Vorfahren in jenen mythischen Herrenhöfen höchstens geputzt oder dem Besitzer die Hemden gebügelt haben könnten. Die Kresy waren eine Wiege der Nachkriegsmythen, ein verlorenes Paradies, auf das auch jene symbolisch Anspruch erhoben, die, so wie ich, es nie kennengelernt hatten. Als Gymnasiastin sehnte ich mich danach, Vorfahren von dort zu besitzen, weil sie mir ihre Erzählungen von den Herrlichkeiten des dort zurückgelassenen Erbes hätten spenden können, das nach wie vor dem einen Sinn verleiht, wer sie sind. Ihr singender Akzent würde in meiner Sprache mitschwingen. Ihre Erzählungen wären wie Bausteine, aus denen man Fundamente im heimatlichen Wałbrzych und der Wałbrzycher Familie errichten könnte, in der ich damals keine Wurzeln fassen konnte.

Ich wuchs heran in einer Stadt voll unterirdischer Gänge, gekennzeichnet vom Mangel und auf seltsame Weise wenig dauerhaft, in einer Stadt, die jeden Augenblick wie eine Fata Morgana verschwinden konnte. Da die vorherigen Bewohner verschwunden waren, und der Boden immer wieder einbrach, dabei einen ehemals deutschen Baum oder einen bereits polnischen Hund verschüttend, von dem dann noch einige Zeit ein immer leiser werdendes Bellen zu vernehmen war – wo stand geschrieben, dass eines Tages nicht auch wir verschwinden würden? Der verlorene Herrenhof in den Kresy implizierte ein lineares Narrativ und eine kraftvolle polnische Erzählung, naiv und beruhigend, in der die adeligen und edlen Vorfahren an Aufständen und Jagden teilnahmen. Die Frauen spielten Chopin, und der Wind bauschte die Vorhänge. Ich wusste nicht, dass ich andere Erzählungen verlor, die ich weder evozieren konnte noch wollte.

Meine Großeltern stammten aus Radom und hatten nach dem Krieg nichts zu verlieren. Sie nahmen nach Wałbrzych keine Erinnerungen an ihr erstes Haus mit, die stark genug gewesen wären, um zwei Generationen zu überdauern. In den Wiedergewonnenen Gebieten wollten sie das erreichen, was sie nie besessen hatten. Die erste Generation der polnischen Umsiedler, die gleich nach 1945 in die Wiedergewonnenen Gebiete kamen, konnte das verständliche Gefühl verspüren, dass ihnen das „zustand", dass sie das Recht hatten, diese intakte Stadt, die so fremd und seltsam war, in Besitz zu nehmen, als Ersatz für das im Krieg erlittene Unrecht. Sie fanden eine symbolisch leere Landschaft vor, ohne jeden Geruch, die kein Gefühl der Zugehörigkeit verlieh. Nach Wałbrzych hatte sich in Polen keiner gesehnt, keiner hatte seinen Verlust empfunden, keiner wollte dorthin zurückkehren. Dieses Sentiment verspürten andere – nämlich die Deutschen, die nach 1945 vertrieben worden waren. Ich traf viele von ihnen während meiner Lesereisen durch Deutschland. Alte Leute aus Recklinghausen, Dortmund, Weimar, München, Berlin, die in sich die Erinnerung an Waldenburg trugen, wie eine Fliege, eingeschlossen im Bernstein. Und die nächsten Generationen, regsam, in ordentlichen Sportschuhen, die sie auf dem Boden meiner Kindheit tragen, damit sie die Ruinen einer Welt betrachten können, die ihnen nur aus zweiter oder dritter Hand bekannt ist. Die in die Wiedergewonnenen Gebiete geworfenen Bewohner der im Osten verlorenen Gebiete werden sich genauso auf die Reise machen, auf der Suche nach der verlorenen Zeit und den Spuren der ausgerissenen Wurzeln. Meine Vorfahren reisten allerdings nirgendwohin, sie fuhren nicht einmal für kurze Zeit weg, als hätten sie nicht recht daran geglaubt, dass das alles nach ihrer Rückkehr weiterhin ihnen gehören würde. Doch Jahr um Jahr verwuchsen sie mehr mit der Stadt, wo die vorigen Bewohner ihre Häuser, Betten, Gabeln, leeren Bilderalben und die in den Gärten vergrabenen Services zurückgelassen hatten, eine Erinnerung, verschmolzen mit einer Landschaft, die keiner wollte oder brauchte. Eine subkutane Erzählung, die hervorkroch wie die deutschen Bezeichnungen auf den Postkarten, wo „Waldenburg" verdeckt wurde durch einen Stempel mit der Aufschrift „Wałbrzych". Mit der Bezeichnung „Wiedergewonnene Gebiete" konkurrierte also von Anfang an eine andere, wahrhaftiger und beklemmend – das waren die „ehemals deutschen" Gebiete. Ehemals deutsch war das Haus der Großmutter, in dem ich in den ersten sechs Jahren aufwuchs, das Bett, in dem ich schlief, die Wand, von der ich den Kalk leckte, das schöne Punschgeschirr, das ich bis heute aufbewahrt habe. Und der Schrank, der ehemals deutsche Schrank, in dem ich mit einem ausgedachten deutschen Mädchen spielte. Sie hieß Helga, und dieser Vorname, der erste deutsche Name, den ich kennen lernte, wurde von den Erwachsenen als Schimpfwort gebraucht: „Diese Helga" sagte man von der Besitzerin einer Wäschemangel, die man verdächtigte, deutscher Herkunft zu sein. Jetzt sehe ich, dass dieser Schrank ein außergewöhnliches Möbelstück war, weil man in Schränken in Nachkriegspolen sonst eher den Gespenstern von Juden als den von Deutschen begegnen konnte. Meine Großmutter bewahrte darin einen Sack Zucker auf, weil sie nie sicher war, dass man ihr den nicht eines Tages wegnehmen würde. Den Tee süßte sie immer scheinbar auf Vorrat, drei, vier Löffel. „Im Schrank in Wałbrzych saßen zwei Mädchen: eine Polin und eine Deutsche" – so ein Märchen werde ich eines Tages meiner kleinen Nichte erzählen, die eine Deutsche ist, obwohl sie hoffentlich den Vorteil der zweiten Sprache zu schätzen weiß, die ihre polnische Mutter spricht.

Meine Großeltern bezogen mit vier Kindern eine Zweizimmerwohnung im Bezirk Nowe Miasto. Sie fanden Arbeit. Sie im Büro, er in einem Restaurant. Dieser Bezirk, in den Zeiten der Deutschen modern und repräsentativ, nach dem Muster von Paris erbaut, sieht heute aus wie ein von Krankheit zerstörter Körper, der auf schön geformten Knochen hängt. Welchen Eindruck machte er auf meine Großeltern, als sie von Radom hierher kamen? Die Wohnung war hoch und kalt, beheizt mit zwei Kachelöfen mit Kohle. In den sechziger Jahren des vorigen Jahrhunderts kehrte der jüngste Sohn der armen Umsiedler aus Radom nach dem Studium nach Wałbrzych zurück. Er brachte seine Frau mit, ein Mädchen aus einem Dorf in Zentralpolen, eine Kriegshalbwaise, so wie er die Erste in der Familie, die eine höhere Bildung erlangt hatte. Nicht jene, von der sie geträumt hatte, aber sie hatte es immerhin geschafft, durch die einen Spalt weit geöffnete Tür der Emanzipation in Volkspolen zu schlüpfen. Er ging zur Arbeit in einer Grube, sie wurde Lehrerin in einer der neuen Wałbrzycher Schulen in der neuen Siedlung Piaskowa Góra, Sandberg. Er war schon zu Hause in Wałbrzych, sie wird sich später noch an den verlorenen Garten mit Beeten mit lila Phlox erinnern und nach der Erde sehnen. Doch im Alter, als das durchaus im Bereich des Möglichen liegt, rafft sie sich nicht auf, aus der Stadt wegzufahren, die sie nie wirklich kennen noch lieben lernen wollte. Der verlorene Garten sollte ein solcher bleiben. Ich bin ihre älteste Tochter, die dritte Generation in den Wiedergewonnenen Gebieten und die Erste in der Familie, die, wie man bei uns sagt, eine Neigung zeigt, „in der Vergangenheit zu wühlen". Das klingt wie „in den Eingeweiden wühlen", in etwas, was schmutzig machen, was Spuren hinterlassen kann.

Das ehemals deutsche Punschgeschirr und das leere, in Leder gebundene Album, das sind einige der Dinge aus der Wohnung, in die meine Großeltern gezogen waren. Wann habe ich die übernommen? Sie sind bei mir, seit ich zurückdenken kann, zuerst im Kinderzimmer im Plattenbau, in den ich mit den Eltern umgezogen war, dann in den aufeinanderfolgenden Untermietzimmern und Wohnungen. Es hatte da irgendwelche Anderen gegeben, denen diese Dinge gehört hatten – dieses Bewusstsein setzte sich in mir fest zusammen mit dem beunruhigenden Ton des Wortes „ehemals deutsch", und es beherrschte meine Vorstellung. Das Album ist eine Ding-Erzählung, umso faszinierender, als es darin keine Bilder gab, und ich mir diese ausdenken musste. Ich stelle mir heute noch vor, wie die deutsche Familie aus dieser Wohnung zusammenpackt und eine Frau eilig die Bilder herausnimmt, weil das Album zu schwer ist, um es mitzunehmen. Das musste eine Frau sein, denn Frauen sind in der Regel die Hüter des materiellen Gedächtnisses der Familie. Vielleicht half ihr die Tochter dabei? Das Mädchen, dessen Schatten in dem Zimmer mit den hohen Wänden und großen Fenstern zurückgeblieben ist. Jahrelang schleppte ich dieses Album mit mir herum, ohne zu wissen, dass es immer schwerer wurde, weil darin eine Erzählung heranwuchs. Ich spürte ihre Kraft nicht. In meinem ersten Roman *Sandberg* zeige ich Fotografien fremder Menschen, die Großmutter Halina zu einer ausgedachten Familienerzählung zusammenfügt, mit der sie ihre Enkelin füttert. Dann klebt sie die Porträts ihrer echten Familie ins Album. In *Chmurdalia* landet das Album bei Dominika, die zu verstehen beginnt, dass diese unglaublichen Erzählungen von der Gräfin Wielkopańska und vom Herrenhof in den Kresy einen wichtigen Teil ihrer eigenen Identität darstellen. Die verdrehte, phantasmatische Genealogie eines Mischlings. Meine Genealogie.

Keinen außer mir interessierten diese Dinge, und wenn ich sie nicht aufbewahrt hätte, wären sie im Müll gelandet. Tschatschkas, Staubfänger. Bis heute empfinde ich mich eher als ihre Hüterin denn als ihre Besitzerin. Wem gehören sie nach beinahe siebzig Jahren? Die polnische Reporterin Lidia Ostałowska erzählt im Buch *Wasserfarben* die berührende Geschichte von Aquarellen, die im Konzentrationslager Auschwitz-Birkenau gemalt wurden. Die Künstlerin war ein jüdischer Häftling, die Modelle waren Roma, medizinischen Experimenten unterworfen und zur Vernichtung bestimmt, und der Auftraggeber war – ihr Peiniger – Doktor Mengele. Die Aquarelle blieben wie durch ein Wunder erhalten und kamen nach dem Krieg ins Museum im Lager. Auch die Künstlerin überlebte und verlangte nach Jahren ihre Rückgabe. Wem gehören die Porträts von Zigeunern, gemalt von einer Jüdin unter den Augen eines Nazis? Und gibt es eine einzige richtige Antwort auf diese Frage? Dinge haben ihre eigene Geschichte. Nach Jahren kommt eine deutsche Familie aus Hessen auf der Suche nach Spuren ihrer Vergangenheit nach Wałbrzych. Ehemals deutsche Häuser, vergrabene Services. Meine Schwester wird ihre

Führerin, eine Gymnasiastin, die seit ihrer Kindheit Deutsch lernt. Die Häuser erweisen sich als ganz anders als in den Erzählungen, seltsam fremd, die Services werden nicht gefunden. Aber „unsere Deutschen", wie wir sie nennen, fassen Zuneigung zu meiner Schwester, und als sie dann Germanistik studiert, schlagen sie ihr eine Sommerarbeit vor. Heute ist sie Mutter eines kleinen Mädchens und Deutschlehrerin in einer deutschen Schule.

Ich trug die Gegenstände zusammen, die deutsche Bewohner von Wałbrzych verloren hatten, aus demselben Grund, weshalb ich wenig später, als Teenager, auf Flohmärkten in Unterschlesien alte Bilder kaufen würde. An den Hunger nach Erzählungen erinnere ich mich als die schlimmste Entbehrung meiner Kindheit. Meine Großeltern starben, noch bevor ich bereit war, ihre Erzählungen zu hören, einmal vorausgesetzt, sie hätten den Wunsch verspürt, diese mit mir zu teilen. Auf jeden Fall waren sie diejenigen, die sich an ein anderes Leben, ein Leben vor dem Krieg in anderen, nicht in diesen „wiedergewonnenen", sondern eigenen Gebieten erinnern konnten. Aber vielleicht wollten sie sich gar nicht erinnern, denn sie fuhren nie ins heimatliche Radom, es war eher so, dass in Wałbrzych stets neue Verwandte aus jenen Gegenden auftauchten, um sich hier niederzulassen, angelockt vom Glanz der zwei ehemals deutschen Zimmer, in denen meine Großeltern wohnten, und später dem Reiz der Plattenbausiedlung. Die Generation meiner Eltern bewahrte nur Fetzen von Erzählungen, so speckig und abgenutzt, dass sie nicht viel taugten. Sie schlugen immer tiefere Wurzeln in der Stadt, die aus einer ehemals deutschen zu einer polnischen und unsrigen wurde. Sie glaubten an den Fortschritt und die Modernität, sie marschierten in Umzügen am Ersten Mai mit, doch bald stellte sich heraus, dass die neue wunderbare Welt eine Illusion war, dass sie weder schön noch reich sein würde. Die Enttäuschung war schmerzlich, das Leben gönnte ihnen nicht die Verschnaufpause, die einem das Wissen gestattet, dass sich die Mühe der Arbeit gelohnt hat. Die Sehnsucht in den Erzählungen meiner Eltern war in die Zukunft gerichtet, weil ihnen immerhin die Hoffnung blieb, dass ihre Kinder eine bessere Zukunft haben würden. Ich war ein Kind der Zukunft, eine Prinzessin aus dem Märchen, das erst geschehen wird. Wozu sollte man alte Geschichten ausgraben? In dieser Erzählung von einer besseren Zukunft tauchten auch Deutsche auf, schließlich lebten sie gleich hinter der Grenze. Aber das waren andere Deutsche, die nichts mit denen zu tun hatten, von denen wir die Stadt wie gebrauchte Gegenstände von reichen Verwandten bekommen hatten. Die anderen Deutschen lebten in einer Welt aus Modekatalogen des Otto-Versandes. Sie waren sauber, beneidenswert, ohne Geschichte, ideal geeignet als Männer oder zumindest Arbeitgeber, die bereit waren, fleißige Leute aus Wałbrzych schwarz zu beschäftigen. Das war in den achtziger Jahren, und wenn ich die Schule schwänzte, trieb ich mich in den Ruinen des Hitler-Mausoleums herum, ein absurdes Denkmal, das sich auf einem sanften, bewaldeten Hügel erhob.

Das alles bedeutet nicht, dass ich als junges Mädchen eine Bindung zu meinem Stückchen Europa verspürt hätte. Im Gegenteil, ich hasste diese Stadt, eingezwängt in eine Bergsenke, nicht klein und nicht groß, provinziell und klaustrophobisch, aus tiefstem Herzen. Wałbrzych, wohin einst die Menschen auf der Suche nach Arbeit geströmt waren, erwies sich in den achtziger Jahren als eine jener Städte, aus denen man immer nur wegfährt. Diejenigen, die hierher kommen, werden als Verlierer angesehen. Wałbrzych war der minderwertige Bruder von Wrocław. Dieser zweite, entworfen als Neues Lemberg, umwoben von der Nostalgie nach den Kresy, sollte doch gleichzeitig in die Zukunft gerichtet sein, pulsierend von Leben, voller Künstler und Studenten. Doch Wałbrzych verschwand irgendwie tatsächlich genau so, wie ich es befürchtet hatte. Es stellte sich heraus, dass seine ganze auf den Bergbau gestützte Macht, mit so viel Stolz aufgebaut in den sechziger und siebziger Jahren, die Probe der Zeit nicht bestand. Die unrentablen Gruben wurden eine nach der anderen zugesperrt, die Zeiten des Bergbaus gingen dem Ende zu, und die Männer mit den schwarzumrandeten Augen eilten nicht mehr in die Schicht. Jetzt standen sie vor dem Laden mit Alkohol. Es wurden keine neuen Siedlungen mehr errichtet, und die alten Plattenbauten, einst erfüllt mit so vielen Hoffnungen, wirkten zunehmend wie Freilichtmuseen, in denen man die architektonischen und menschlichen Ruinen Volkspolens beschauen konnte. Das Parkett, gelegt in den Jahren der Prosperity und damals als Gipfel der Bergarbeiter-Eleganz angesehen, wurde schwarz wie ein ärmlicher bäuerlicher Sarg, und darunter hausten lästige flinke Insekten, Silberfischchen. Die aus Deutschland geholten Fototapeten mit Tropenlandschaften und herbstlichen Idyllen lösten sich von den feuchten Wänden, und die Einbauwände gingen aus dem Leim. Der neue Bau, errichtet auf einem ehemals deutschen Gerüst, erwies sich als wenig erfolgreich. Eine verlorene Welt, deren Zerfall nicht plötzlich und endgültig eintrat, die jedoch vor unseren Augen zugrunde gehen wird.

Nach dem Abitur begann ich zu reisen und kehrte nie mehr für länger als ein paar Tage nach Wałbrzych zurück. Ich fuhr weit weg und immer weiter, die Richtungen waren ziemlich vorhersehbar für eine Person, die sich nach 1989 in einer offenen Welt mit Wissenschaft befasste: Großbritannien, Vereinigte Staaten. Die letzte Etappe meiner Reisen war Japan, wo ich ein paar Jahre verbrachte und wohin ich, so hoffe ich jedenfalls, zurückkehren werde. Ich fühle mich wohl in multikulturellen Städten wie New York, London oder Berlin, aber am wohlsten in Japan, wo es einem Ausländer am schwersten fällt, heimisch zu werden, und wo ich immer fremd bleiben würde. Ich möchte jedoch keine Entscheidung treffen, wo ich ständig leben werde, das erscheint mir auch gar nicht notwendig. Freiheit bedeutet für mich, in Bewegung zu sein, meine einzige Heimat ist die polnische Sprache. Im Gegensatz zu meinen Großeltern habe ich die Wiedergewonnenen Gebiete für zwanzig Jahre verlassen und verloren, aus Furcht, dass der Besitz eines Hauses, wo auch immer, eine Einschränkung mit sich bringt. Das polnische Wort „uziemienie", Erdung, gibt das Wesen meiner Befürchtung wieder – Erdung bedeutet Sicherheit und Stilllegung. Nach wie vor fürchte ich mehr das Zweite, als mich wegen des Ersten zu sorgen. Es stellte sich jedoch heraus, dass die Narration, deren Fehlen ich in meiner Kindheit verspürte, in der Dunkelheit ohne mein Wissen heranreifte. Es gab dort den Geruch von Kohlenstaub, das alte Album und den Schrank mit dem Sack Zucker. Trotz meines nomadenhaften Lebens ohne Heim und Wurzeln erwies ich mich als ebenso polnisch und ehemals deutsch wie Wałbrzych.

Zwanzig Jahre nachdem ich mit einem Seesack, damals unglaublich beliebt bei Mädchen aus Wałbrzych, aus der Stadt zum Studium aufgebrochen war, kam mein erster Roman *Sandberg* zu mir. Ich wohnte in Tokio, beschäftigte mich mit der japanischen Populärkultur. Ich beendete ein anthropologisches Buch über mein japanisches Leben und war in jeder Hinsicht fern. Was war zuerst? Der Geruch von Kohlenstaub? Das Wort „Sandberg"? Ein radikaler Ton, der wie eine Dissonanz oder ein Schrei klang? Ich begann einen Prozess der Wiedergewinnung meiner verlorenen Gebiete, in die ich nie zurückkehren wollte und will. Das hat nichts zu tun mit warmen Gefühlen oder der Sehnsucht nach dem Land der Kindheit, die ich nie verspürte. Aber dort sprudelt die Quelle meiner Erzählungen, und meine persönliche Mikrogeschichte ist auf außerordentliche Weise, die nirgends sonst möglich wäre, verflochten mit den Mikrogeschichten anderer Menschen. Ich kehre also zurück, um zu verstehen. Ich habe drei Romane geschrieben, deren Handlung in jenen Gebieten spielt, und jetzt stehe ich vor der immer drängenderen Frage: Ist es nicht vielleicht zu eben jener Erdung gekommen, die ich so gefürchtet habe? Wird es mir gelingen, meinen nächsten Roman an ein anderes Land „anzubinden"?

Wałbrzych ist für mich so etwas wie ein Pilzgeflecht, aus dem Erzählungen wachsen. Zum Beispiel die über die düstere Zwillingsschwester, die immer in einem nächtlichen Text auftaucht; sie ist keine bewusst erfundene Gestalt. Ihre Anwesenheit nehme ich erst dann wahr, sie schleicht sich immer irgendwie ein und überrascht mich. Das Mädchen aus dem ehemals deutschen Schrank? Den Embryo dieser Erzählung führte ich mit mir wie das Album ohne Bilder. Unterwegs stieß ich auf eine Fotografie, die sich darin finden müsste. Darauf sind Zwillinge zu sehen, die ich nicht kannte. Die Fotografie bekam ich von einer alten Frau, die ich „Tante" nannte, obwohl wir nicht miteinander verwandt sind. Ich mietete bei ihr ein Zimmer, als ich nach Warschau fuhr, um zu promovieren. Am Ende hatte ich also doch noch eine „Tante", die gern erzählte, und ihre Geschichte reichte zurück in die Kresy und war verbunden mit einem Herrenhof. Das Bild wurde in den dreißiger Jahren des 20. Jahrhunderts aufgenommen, irgendwo in der Gegend von Grodno. Es zeigt zwei weiß gekleidete Mädchen im Alter von sechs oder sieben Jahren. Sie stehen ernst und eng nebeneinander, als wären sie zusammengewachsen. Sie haben kurze Haare mit Stirnfransen und tragen große weiße Schleifen. Sie sind beinahe identisch. Doch etwas unterscheidet sie. Das Mädchen auf der linken Seite ist weniger deutlich, wie umhüllt von grauem Nebelschleier. Das ist mein düsterer Zwilling, das Mädchen aus dem ehemals deutschen Schrank, das mir die erste Geschichte brachte.

Aus dem Polnischen von Martin Pollack

DIE POLIZEI UND DIE DIEBE

„Die Polizei …" Damit begann der Taxifahrer in Ramallah seine Ausführungen, nachdem er sich erboten hatte, mir die politische, wirtschaftliche und moralische Krise zu erklären, in der die palästinensische Autonomiebehörde steckt. Vor einigen Tagen hatte ihn ein Polizist morgens angehalten und ihn um Geld gebeten. Wollte er sich bestechen lassen? „Keineswegs", wehrte der Fahrer ab, „er wollte sich nur etwas Geld von mir leihen. Er würde es mir in einer Woche zurückgeben, meinte er." Hatte der Fahrer ihn gekannt? „Nur vom Sehen." Hatte er ihm Geld gegeben? „Nein, mein Arbeitstag hatte gerade erst angefangen, und ich hatte noch kaum Fahrgäste befördert." Aber die Geschichte hatte für meinen Fahrer noch eine weitere Bewandtnis. Seine Hauptsorge war, was dieser Polizist nun womöglich alles anstellen würde, um an Geld zu kommen. „Es könnte ja sein", erklärte er, „dass er sich in seiner Not nun jedem als Komplize andient, der ihm Geld bietet, auch wenn dies Verrat an der Gesellschaft bedeutet, der er angehört und der er ja eigentlich dienen soll."

Ich kommentierte seine Geschichte nicht weiter. Ich hatte noch nie großes Vertrauen in jedwede Polizei und ihren Dienst an der Gesellschaft. Wenn ich selbst überhaupt einmal mit der Polizei zu tun hatte, dann mit der israelischen, und die sah es als ihre tagtägliche Aufgabe an, der palästinensischen Gesellschaft das Leben schwer zu machen. Im besten Fall diente sie den Palästinensern damit, dass sie sie in Ruhe ließ. Dennoch brachte mich die Geschichte meines Fahrers und seine Befürchtungen hinsichtlich der palästinensischen Polizei, die wir mittlerweile haben, dazu, über die Tragweite jenes Falles nachzudenken – falls er sich tatsächlich so zugetragen hatte. Denn die erzählerische Fantasie von Taxifahrern ist zuweilen mindestens so ausgeprägt wie die von Schriftstellern. Denn in der Erzählung meines Fahrers steckten alle Ingredienzen jener Krisen, die viele Teile der Welt momentan erleben, und sie warf manche wichtige damit zusammenhängende Frage auf, beispielsweise die nach der Beziehung zwischen dem Allgemeinwohl, um das der Fahrer sich als Mitglied der Gesellschaft sorgte, und der Gefahr, dass Eigeninteressen von Machtgruppen in Politik und Wirtschaft so eingesetzt werden, dass sie dem Gemeinwohl entgegenstehen. Dieser Taxifahrer glaubte anscheinend noch an die Idealvorstellung von der Rolle der Polizei in der Gesellschaft, die in der so oft verbreiteten Parole von der „Polizei im Dienste des Volkes" zum Ausdruck kommt. Eine Parole, der viele Menschen auf die eine oder andere Weise vertraut hatten – bis vor kurzer Zeit wenigstens, um genau zu sein: bis Ende 2008.

Im Dezember 2008 wurde der griechische Polizist Epaminondas Korkoneas während eines Rundgangs zusammen mit einem Kollegen im Athener Viertel Exarchia seinen Angaben zufolge von einer Gruppe junger Anarchisten beschimpft und schließlich mit Steinen, Knüppeln und Molotowcocktails angegriffen. Die Auseinandersetzung zwischen beiden Gruppen zog sich hin, bis der erwähnte Polizist K. in gefühlter Notwehr drei Schüsse „in die Luft" abgab. Der 15-jährige Alexandros Grigoropoulos starb durch einen Schuss in die Brust. Dieser Tod durch eine Polizeikugel löste in Griechenland eine Protestwelle aus, die bis heute nicht zu Ende ist – auch wenn es mittlerweile nicht mehr nur um den getöteten A. G. geht, sondern Griechenland in einer tiefen Wirtschaftskrise steckt. Jugendarbeitslosigkeit, Staatskorruption, eine immer größer werdende Kluft zwischen Armen und Reichen und nicht zuletzt die unterschiedliche Behandlung, die die einen und die anderen durch die Polizei erfahren, sind dazugekommen. Zwei Jahre später, im Dezember 2010, versuchte die tunesische Polizistin Fadia Hamdi während eines Kontrollgangs durch die Kleinstadt Sidi Bouzid den Gemüsekarren des Mohammed Bouazizi zu konfiszieren, weil dieser angeblich keine Genehmigung der Gemeinde für eine solche Art des Verkaufs hatte. Da Bouazizi Widerstand leistete, forderte Hamdi die Unterstützung durch zwei weitere Polizisten an, welche den Verkäufer „gewaltsam von seinem Karren entfernten" und ihn dann beschlagnahmten. Hamdi tötete Bouazizi nicht, sondern dieser verbrannte sich anschließend selbst. Aber der Volksprotest, der sich, ausgelöst durch diesen Vorfall, nun erhob, machte nicht einmal an den tunesischen Grenzen Halt, sondern breitete sich über zahlreiche arabische Länder, ja sogar bis nach Europa aus.

Im Sommer des Folgejahres 2011 war der Schauplatz London. Eine Polizeistreife verfolgte ein „verdächtiges" Taxi, das trotz Aufforderung nicht anhielt. Als die Polizisten auf das Fahrzeug schossen, starb ein Taxiinsasse, dessen Name mit Mark Dogan angegeben wurde. Er war der Polizei bereits als vorbestraft bekannt. Und wie bei den vorgenannten Ereignissen führte der Tod durch Polizeigewalt auch hier zu Protesten – so starken, wie sie England seit Jahrzehnten nicht erlebt hatte. Sie dauerten zwar nur wenige Tage, aber ihr Schatten hängt noch heute über der britischen Gesellschaft.

Dass die Polizei gegen bestimmte gesellschaftliche Gruppen, insbesondere ärmere, besonders hart und gewalttätig vorgeht, ist nichts Neues. Grundsätzlich versetzt ihre Möglichkeit zur Gewaltanwendung sie ja erst in die Lage, ihrer Hauptaufgabe nachzukommen, nämlich Bürger im Dienste des kapitalistischen Systems zu disziplinieren, wie Marx es ausdrückt. Polizei und Militär sind die beiden einzigen Institutionen des modernen Staates, die zum Erhalt des Systems, zur Einhaltung des Gesetzes und zum Schutz des Staates und aller Mitglieder der Gesellschaft Gewalt ausüben dürfen. Nicht immer macht die Polizei jedoch von diesem Recht Gebrauch; meist reicht die Androhung von Gewalt, indem sie somit quasi Angst vor Strafe schafft. Andererseits zeigen die obigen Beispiele auch, bei aller Unterschiedlichkeit ihrer jeweiligen Zusammenhänge, dass diese Angst vor Bestrafung durch die Polizei nicht mehr für alle Bürger im Mittelpunkt steht. Das Verschwinden dieser Angst kann nicht damit erklärt werden, dass die Menschen seit Beginn des dritten Jahrtausends mutiger sind als vorher. Vielmehr kann man im Lichte dessen, was polizeiliches Verhalten an Zusammenstößen und Demonstrationen in verschiedenen Teilen der Welt auslöst, die Polizei nicht weiter lediglich als das Auge der Macht (Michel Foucault) oder ihren Vollstrecker vor Ort in dem Sinne verstehen, dass ihre öffentlich sichtbare Präsenz bereits Furcht beim Bürger auslöst und ihn so beeindruckt, dass er selbst zu einem Polizisten wird.

Wahrscheinlicher ist, dass die Polizei grundsätzlich dann ihrer Aufgabe nachkommen kann, wenn der Bürger sie akzeptiert und ihre Arbeit, wie die Geschichte des Taxifahrers in Ramallah suggeriert, als Dienst am Gemeinwohl ansieht. Ist dies gewährleistet, so ist eine Bedingung des gesellschaftlichen Lebens erfüllt, an dem der Bürger teilhaben möchte. Da dies aber heute nicht mehr ganz der Fall ist, liegt der Schluss nahe, dass die Polizei mittlerweile in den Augen vieler Menschen, gerade in Europa, eine neue Rolle übernommen hat. Es ist zu fragen, woher diese Veränderung kommt, obgleich die Polizei ja schon immer dazu da war, Machtgruppen zu stützen. Und mit welchem Eigenverständnis soll die Polizei ihrer Rolle nachkommen, nachdem ihre Beziehung zum Bürger nun eine andere geworden ist?

Um dies zu beantworten, lohnt es sich, noch einmal auf die Veränderungen zu blicken, die dort vonstatten gegangen sind, wo die Polizei mit der Wahrnehmung ihrer Aufgaben betraut wird, das heißt auf Seiten des Staates beziehungsweise des Regimes, und wie das Verhältnis von Politik und Wirtschaft sich hier verändert hat. Infolge der noch immer andauernden Wirtschaftskrise haben sich viele Regierungen daran gemacht, in das Wirtschaftsleben ihrer Länder einzugreifen, insbesondere indem sie Banken und Unternehmen (nicht aber Bürger) vor drohenden Pleiten retteten. Dass somit das Wirtschaftliche zu einer Domäne der Politik geworden ist und der Staat sich dafür zuständig erklärt hat, war allerdings nur ein Echo auf eine weitere Veränderung, die schon Jahrzehnte zuvor begonnen hatte, auch nach dem Zweiten Weltkrieg in Deutschland. Um den materiellen und moralischen Wiederaufbau bewältigen zu können, so schrieb allen voran Foucault in *Die Geburt der Biopolitik*, übernahm Deutschland das Modell des liberalen Staates, zu dessen Hauptaufgaben es gehörte, wirtschaftspolitische Vorgaben umzusetzen, um das Land nach der Kriegsniederlage aus dem Ruin zu führen und zugleich jede Rückkopplung an das Naziregime zu unterbinden. Auf diese Weise half das liberale Regierungssystem Deutschland dabei, als „entwickelte" Wirtschaftsmacht, nicht aber als politische Macht, wieder in den Schoß Europas aufgenommen zu werden. Zudem trug dies dazu bei, dass Deutschland sich angesichts seiner jüngeren Vergangenheit inklusive der Verantwortung der deutschen Gesellschaft für das Geschehene „mit sich selbst versöhnen" konnte. Das neoliberale Modell sieht in jedem einzelnen Bürger einen kleinen Unternehmer, der grundsätzlich auf seinen individuellen Vorteil bedacht ist. Dadurch, also durch seinen Egoismus motiviert, trägt er zum Gemeinwohl bei – nicht umgekehrt, denn das Wohlergehen des Einzelnen könnte sich ja auch, wie andere meinen, über das Gemeinwohl verwirklichen lassen. Nach und nach setzte sich das neoliberale Regierungssystem in Frankreich, Amerika und später in Großbritannien durch, bis es, insbesondere nach dem Fall der kommunistischen Regime in Osteuropa, fast jeden Winkel der Erde erreichte. Zu den wichtigsten Umwälzungen, zu denen die Verbreitung dieses Modells im Staatsapparat und in den Beziehungen der Staaten gerade in Europa untereinander geführt hat, gehörte, dass die Armee ihre prägende Rolle verlor; stattdessen wurde die Polizei nun zum Hauptakteur für die Gestaltung dieser Beziehungen. Im Kontext Europas hieß das, dass an die Stelle der Kriege, die die europäischen Armeen bis zum Zweiten Weltkrieg gegeneinander geführt hatten, nun eine Kooperation der Polizeien trat. Beschlüsse, zu denen Deutschland und Frankreich drängen, werden in Belgien ratifiziert und schließlich von Polizeikräften in Griechenland, Spanien und Italien abgesichert.

Aber nicht nur das. Auch der Polizeiapparat blieb im neoliberalen System nicht vom Konzept des „kleinen Unternehmers" verschont. Seit Jahren schon wird die Polizei in vielen Staaten privatisiert, indem man ihre Führung privatisiert. Auch die Polizei soll Gewinne erwirtschaften und nicht nur profitorientierte Einrichtungen und den Markt schützen.

Vor diesem Hintergrund wird plausibel, dass die Polizei im demokratischen neoliberalen System im Dienst jener wirtschaftlichen Elite steht, die ihre Miteigentümerin geworden ist, genau wie sie in einer Diktatur dem Regime und nicht dem Gemeinwohl verpflichtet ist. Das solchermaßen veränderte Verständnis von der Polizei und ihrer Rolle ist insofern nur ein Abbild der seit den letzten Jahrzehnten veränderten Auffassung vom Staat. Dieser ist nun ein politisch-wirtschaftliches Unternehmen, dessen Sorge unzweideutig dem Markt gilt. Wenn also junge Anarchisten die Polizei angreifen, einem Gemüsehändler sein Wagen abgenommen und er damit seiner einzigen Einkommensquelle beraubt wird oder wenn ein kleiner Kleinkrimineller vor der Polizei flieht und dann Hunderttausende gegen die Polizei demonstrieren und Geschäfte anzünden und plündern, dann drückt sich darin nicht nur in direkter Weise die veränderte Rolle der Polizei aus, sondern auch eine veränderte Sicht auf den Staat und dessen Art des Herrschens, die heute mehr denn je dem Wohl einer wirtschaftlichen Elite zugutekommt. Insofern kann man das Niederbrennen oder Plündern von Geschäften als eine Reaktion auf die Gewalt einer Polizei verstehen, die im Gefühl der Menschen eher zum Nutzen von Geschäftsbesitzern als zu ihrem Wohl arbeitet. Das ist nur natürlich und geht wiederum darauf zurück, dass die politische Praxis heute auch das Wirtschaftliche mit einschließt, und nicht darauf, dass diese Demonstranten zynische, egoistische Banditen sind, an denen sich zeigt, dass die Gesellschaft ihre Werte verloren hat, wie die Polit- und Wirtschaftseliten behaupten. Wenn man solche Ereignisse nur als Räuberei ansieht, dann spiegelt sich darin die Sorge des Staates um die Wirtschaft und nichts als die Wirtschaft.

Die Polizei wird auch weiterhin Gewalt gegen Bürger im Interesse der wirtschaftlichen Eliten anwenden, und zweifellos wird dies auch zukünftig zu neuen Protesten führen. Diesen mag nicht immer lange Dauer beschieden sein, aber sie werden auch nicht aufhören, solange der Staat nicht grundlegend anders handelt und herrscht. Andererseits sind viele Polizisten selbst oft auch nur ein Opfer dieses wirtschaftspolitischen Spiels, in dem ihnen die Rolle von Befehlsempfängern zugewiesen ist.

Als ich im November letzten Jahres das nachrevolutionäre Tunesien besuchte und mit einem Psychologen in der größten psychiatrischen Klinik von Tunis sprach, erklärte mir dieser, dass die Zahl der psychisch Kranken seit der Revolution deutlich zugenommen habe. Er habe nun vierzig Prozent mehr Patienten, und es seien die unterschiedlichsten Fälle darunter. Die meisten Neuzugänge, so der Psychiater, seien Polizisten, die unter dem alten Regime gedient hatten und bei den Protesten gegen die Demonstranten eingesetzt worden waren. In der neuen Gesellschaft fänden sie sich nun nicht zurecht und sähen sich außerstande, in der aktuellen historischen Phase ihres Landes eine Rolle für sich zu finden.

Aus dem Arabischen von Günther Orth

ALLTÄGLICHES

Die rumänischen Fernsehsender sind auf Gräuel speziali-
siert. Die Nachrichtensendungen zeigen ein Repertoire an
Morden, Vergewaltigungen und Raubtaten, an Autounfäl-
len, bei denen die am Straßenrand liegenden zerfetzten
Opfer beharrlich, mit unerträglicher Fokussierung aufgenommen werden. Man kann hier Ehefrauen sehen, die
live über den Tod ihrer Männer unterrichtet werden, damit
die Kamera unmittelbar ihre über die Wangen rinnenden
Tränen einfangen kann. Man sieht junge Mädchen in grau-
samen Nahaufnahmen und in gleißendes Licht gerückt, die
ausführlich darüber erzählen, wie sie jahrelang vom alko-
holsüchtigen Vater vergewaltigt wurden. Man sieht Geistes-
kranke, die nur zum Spaß der TV-Zuschauer aufgenommen
werden. Öffentliche Proteste haben zu nichts geführt, weil
für diese Sender der einzige Maßstab die Einschaltquote ist.
Aber niemals, so scheint es mir, war ich von dieser Maßlosigkeit an Verdummung und fehlender Menschlichkeit
dermaßen erschüttert wie neulich, als ich einen Beitrag
über die Vertreibung einer Roma-Gemeinde am Stadtrand
Bukarests sah.

Eine verwahrloste Industrielandschaft, demolierte Was-
sertürme, ein Hallengerüst, Haufen von verrosteten Röhren
und Ventilen. Inmitten von meterhohem Unkraut stehen
ein Dutzend Eisenbaracken, deren Türen längst abgerissen
sind. Hier hausten seit ein paar Jahren ohne Wasser, Strom

und unter menschenunwürdigen Bedingungen etwa einhundert Roma, zwischen im Freien aufgehängter Wäsche und Haushaltsmüll. Mit der Begeisterung eines Fußballkommentators teilt uns die Nachrichtensprecherin mit, dass diese Menschen ihren Lebensunterhalt ausschließlich durch das Schrottsammeln auf Pferdekarren verdienen könnten. Nun würden diese Karren gerade beschlagnahmt, die Polizei und die „Maskierten" laufen hin und her und ersticken jede Art von Widerstand im Keim. Die Gesichter der Männer aus dieser Gemeinde, unrasiert und mit tätowierten Armen, zeigen eine maßlose Verzweiflung.

„Was werden Sie jetzt machen?", fragt die Reporterin einen von ihnen, der einen splitternackten, kleinen Jungen im Arm hält. „Wir werden sterben", antwortet er und schaut zu Boden. Der Kleine lutscht an roten Bonbons aus einer vergilbten Tüte, wahrscheinlich sind es aus dem Müll gefischte Tabletten mit abgelaufenem Haltbarkeitsdatum.

Von den Volkswagen der Polizei eskortiert, reihen sich die von kleinen und müden Pferden gezogenen Karren die Straße entlang. Die Roma werden sie niemals wiedersehen. Dann dringen die Maskierten in die Baracken ein und treiben die ganze Schar, Frauen und Kinder, mit Gewalt heraus, einem Jammerchor in den Tragödien der Antike gleich. Eine alte Frau heult. „Wo werden Sie nun hingehen?", fragt dieselbe Reporterin, ohne eine auch nur geheuchelte Spur von Mitleid. „Wohin sollten wir gehen? Wir wissen es nicht." Die Männer werden in die Polizeiwagen verfrachtet und zur Beweisaufnahme auf die Polizeistelle gebracht. Was mit den anderen geschieht, wird nicht gesagt. Der Schlusskommentar stimmt dem Einsatz zu. Noch ein Gefahrenherd gesellschaftsfeindlicher Taten sei beseitigt, noch ein

Ghetto geschlossen worden. Die Rentner in den kommunistischen Plattenbauten der „Goldenen Ära" können zufrieden sein.

*

Ab 1960 ging das kommunistische Regime mit sozialem Geschick zur „Lösung der Wohnungsfrage" über. Innerhalb von drei Jahrzehnten wurden mit Billigmaterialien nach einfachsten Standards schnell Tausende von Wohnblöcken aus unfertigem Beton gebaut, die heutzutage jedes rumänische Stadtbild verunstalten, trotz der schönen Lage. Ganze Viertel mit malerischen Häusern wurden dem Erdboden gleichgemacht und durch ausgedehnte, gruselige Betonghettos mit dicht beieinander stehenden Hochhäusern ohne Grünflächen oder Kinderspielplätze ersetzt. Eine zum größten Teil aus den ländlichen Gegenden kommende Bevölkerung wurde in diesen Gebäuden zusammengepfercht. Ein ganzes Volk wurde gezwungen, in diesen „Streichholzschachteln" zu leben, wie die Betonbauten aus Fertigteilen genannt wurden.

Ich selbst habe mein ganzes Leben lang unter Ghettobedingungen verbracht. Ich wurde in einem kleinen Zimmer mit Zementboden geboren, in dem man schlief, kochte und sich wusch, da es das einzige war, was man hatte. Ich war in unsagbar deprimierenden Bezirkskliniken, sah abgenagte und mit Fliegenkot beschmutzte Moulagen auf Glasregalen liegen, die Querschnitte durch eine schwangere Frau darstellten. Ich habe in einer der üblichen, U-förmigen Schulen mit vergitterten Fenstern gelernt. Auf ihrem Betonzaun standen Slogans der Fußballanhänger und obszöne Wörter. Die Kindersprache kannte ebenfalls viele schamlose Wörter, obwohl uns die Eltern etwas anderes beibrachten. Wir verschwendeten ganze Nachmittage auf den Treppen hinter den Wohnblöcken, im sauren Gestank der Mülltonnen. Wir kletterten über den Zaun zur Werkstatt „Electrobobinajul", um im Hof in den Abfällen nach abgetrennten Kupferstreifen und alten Ebonitschaltern zu suchen. Im Fernsehen sprach Ceaușescu, und auch im Radio sprach Ceaușescu. Sogar im Bügeleisen und in der Nähmaschine sprach Ceaușescu. Und trotz allem gab es, wie ich ziemlich früh erfuhr, eine Art Freisein für jeden von uns, die blassen Bewohner des Betonlabyrinths.

*

Wie einfach ist es, die Roma für Rumäniens schlechtes Bild in der Welt verantwortlich zu machen! Ständig darüber zu klagen, dass die Ausländer die Rumänen (ehrenhafte Bürger, friedlich, fleißig, Bewahrer aller urväterlichen Tugenden) mit den Roma, der „Ersatz-Nation", wie sie in unseren dummen und rassistischen Witzen auftaucht, verwechseln. Doch im Grunde ist das Problem der Roma in Rumänien auf die rumänische Roma-Politik, und nicht auf eine „rassische Minderwertigkeit", zurückzuführen.

Vielleicht sollte von Zeit zu Zeit an die historischen Wurzeln dieses Problems erinnert werden. Die Rumänen aus der Walachei und der Moldau haben die Roma vor ein paar hundert Jahren unterworfen und zu Leibeigenen gemacht. Sie waren die einzigen in Europa, die so vorgingen. So wurden die Roma gezwungen, ihr natürliches Nomadentum gegen die Ansiedlung auf dem Land ihrer Besitzer einzutauschen. Sie wurden von freien Menschen in sprechendes Vieh umgeformt, so wie die schwarzen Sklaven in

Amerika. Innerhalb von Hunderten von Jahren wurden sie gekauft und verkauft, ihre Familien gespalten, die Kinder von den Müttern und die Frauen von den Männern getrennt, die jungen Frauen fortdauernd von ihren Besitzern missbraucht, die „Kesselfarbigen" wurden zum Gegenstand der allgemeinen Verachtung und Diskriminierung. Als Landknechte gebunden und wie die Tiere fortgepflanzt, haben sich die Roma aus den rumänischen Fürstentümern hier mehr als sonst in Europa vermehrt. Wir haben folglich das Problem unserer Roma geschaffen. Es ist unsere historische Schuld.

Da sie gezwungen worden waren, sesshaft zu werden und Feldarbeit zu verrichten, vergaßen die Roma ihr traditionelles Handwerk. Sie hörten auf, Kesselflicker, Goldschmiede, Musikanten, Tanzbärenführer, Löffelmacher usw. zu sein. Stattdessen wurden sie bequeme und gleichgültige Landwirte, wie es bei allen Sklaven immer der Fall war. Wie soll man mit Begeisterung arbeiten, wenn man nicht für sich selbst arbeitet? Ob man arbeitet oder nicht, man bekommt sowieso eine Tracht Prügel. Mit der Zeit wurden die Roma zu einer amorphen, verfallenen Masse, die sich an die einstige Freiheit kaum noch erinnern konnte. Sie wurden feige, verleumderisch, zornig, krank und voller Sünde. Das gilt für alle Sklaven überall in der Welt. Die heißblütigen Jugendlichen lehnten sich gegen die bestehende Ordnung auf ihre Art auf: Sie stahlen Pferde, plünderten, fälschten Geld, vergewaltigten, töteten. Die jungen rumänischen Landknechte von damals waren nicht anders: Sie gingen in die Wälder und wurden zu Räubern und Strauchdieben.

Paradoxerweise hat sich im 19. Jahrhundert die Befreiung aus der Sklaverei – wegen der Begeisterung des neuen prowestlichen rumänischen Bürgertums von 1848 – für die

Roma als ein Schicksalsschlag erwiesen. Es ist nicht das erste Mal in der Geschichte, dass der Humanitarismus zu schrecklichen Katastrophen führt. Die Roma-Sklaven wurden vor hunderten Landhäusern der aufgeklärten Grundbesitzer zusammengerufen, und ihnen wurde folgendes mitgeteilt: „Brüder, von nun an seid ihr frei! Geht wohin ihr wollt!" Das menschliche Unheil, das dieser organisatorisch und psychologisch völlig unvorbereiteten „Befreiung aus der Sklaverei" folgte, ist unvorstellbar. Hunderttausende Roma wurden auf einmal frei, vor Hunger zu sterben. In der weiten Welt freigesetzt, aber ohne Geld, ohne Kleidung, ohne Mittel zum Lebensunterhalt, ohne einen Glauben, eine Kultur, nur mit dem nackten Menschsein in sich, kamen sie bald ins Gefängnis. Niemand weiß, wie viele von ihnen damals an so viel Freiheit gestorben sind. Und wie viele bis heute ums Leben gekommen sind.

Wir schimpfen die ganze Zeit über die Roma. Was würden wir aber an ihrer Stelle tun? Wie ist es, als Roma auf die Welt zu kommen und inmitten eines Volkes zu leben, das dich hasst und verachtet? Nehmen wir an, du gehst über das kulturelle Hindernis hinweg, in einem schmutzigen und elenden Umfeld geboren zu sein, dass dein Vater Toiletten entleert und deine Mutter die Treppe sauber macht, dass die Brüder im Knast sind, dass man in der Schule Haarläuse bei dir gefunden und dich von den anderen Kindern getrennt hat, die dich auslachen, dass kein Kind mit dunkler Haut im Schulbuch abgebildet ist. Nehmen wir an, du wirst als Erwachsener ein ehrlicher Arbeiter, wie alle anderen. Wirst du einmal anders als „du Zigeuner" angeredet werden? Wird man dir bei der geringsten Gelegenheit nicht etwa immer vorwerfen, dass „der Zigeuner ein Zigeuner bleibt"? Kannst du die gleiche Anstellung wie ein Rumäne erreichen? Werden die Leute jemals dir, einem Rom, vertrauen? Oder: Mit einer übermenschlichen Anstrengung gelingt es dir, dich zu einer Intellektuellen hochzuarbeiten. Wirst du jemals anderes als eine „stinkende Zigeunerin" eingestuft? Du wirst Ingenieur, Sänger, Arzt: Wird der Außenminister dich nicht doch in die ägyptische Wüste schicken? Wie soll man unter diesen Umständen nicht wütend werden und diesen Teufelskreis nicht schließen wollen: Sie hassen mich, weil ich böse bin, und ich bin böse, weil sie mich hassen ...?

Wir sind empört, wenn die Ausländer uns als ein Volk von Missetätern betrachten. Aber wir selbst betrachten die Roma so. Und dadurch zwingen wir sie dazu, so zu sein. Durch unsere rassistische Haltung ihnen gegenüber und die vollkommene Gleichgültigkeit des Staates, der Kirche, aller anderen Behörden gegenüber diesem rumänischen Problem, ich betone, nicht Roma-Problem, pflegen wir das Drama der Begegnung der zwei Ethnien weiter. Wir führen den Schmutz und die Übeltat ihrerseits, die Verachtung und den Hass unsererseits weiter, ineinander in diesem Teufelskreis verwoben. Und für alles muss man letztendlich zahlen.

*

Viele Rumänen wollen von Roma-Händlern nichts kaufen, stellen keine Roma-Mitarbeiter ein, dulden keine Roma-Nachbarn wegen ihrer Straffälligkeiten und Promiskuität. Es stimmt ja: Verachtet, ohne eine angemessene Erziehung und ohne ihr traditionelles Handwerk wurden viele Roma zu Schurkereien und einer erniedrigenden Lebensweise gezwungen. Obwohl die ganze rumänische Bevölkerung arm ist, erreichen Armut und Krankheiten im Roma-Milieu wahrhaft unmenschliche Dimensionen. Trotzdem neigen die staatlichen Behörden, die Schulen, die Polizei, die Justiz usw. zu gewissen Strafexpeditionen in den Roma-Siedlungen, was die Lage nur verschlechtert.

Heutzutage bewohnen die Roma in den Städten alle Orte, an denen ansonsten niemand leben möchte: in Trümmerbergen im Zentrum, in Pappkarton- und Wellblechhütten am Stadtrand und auf Grundstücken ohne Besitzer. Ich bin oft an Häusern vorbeigegangen, die bei einem Windstoß auseinanderfallen würden. Wie sehr hat mich ein kleines Licht auf einer Etage beeindruckt, gefiltert durch dünnes Papier, das das Fenster abdeckte! Oder die auf einem schiefen Balkon aufgehängte Kinderwäsche. Die Alte, die den ganzen Tag lang auf dem Pflaster hockt, mit einem Säckchen Sonnenblumensamen vor sich. Freche und vulgäre junge Frauen, mit rotgefärbten Haaren, rufen sich in der Abenddämmerung etwas von Fenster zu Fenster zu. Eine große Menschenmenge, in bunten Kleidern und mit lautem Geschwätz im Hof einer Ruine, trinkt aus emaillierten Zinnbechern und hört „Manele", die düstere und rührende Musik des rumänischen Ghettos. Ich bin auch durch Roma-Dörfer gefahren (denn in den rumänischen Provinzen waren die Roma jahrhundertelang „Leibeigene"), wo die Neureichen – vor allem dank der Diebstähle und Bettlereien im Westen, aber auch dank der Lautenmusik – sich pagodenartige Paläste mit zahlreichen Dächern aus glänzendem Blech errichten ließen, die im scharfen Gegensatz zum Elend und zur Armut der Mehrheit stehen.

Es gibt heutzutage in Bukarest Wohnviertel, in denen fast ausschließlich Roma leben – Ferentari, Giuleşti oder Rahova – wo der Mangel an Erwerbschancen und die Straftaten katastrophale Quoten erreichen. Nirgendwo wäre das

Wort „Ghetto" angebrachter als im Falle dieser finsteren Orte. Hunderte von Jugendlichen in bunten T-Shirts und mit gefärbten Haaren träumen nur davon, um jeden Preis auszubrechen. Einstweilen hocken sie auf den Betonstufen und hören eine von Gewalt und Obszönität durchsetzte Musik, den rumänischen Rap, dem gegenüber Eminems Fantasie so anmutig wie Madrigale erscheint. Ich kenne alle diese berüchtigten Orte und weiß genau so gut, dass sie nicht nur Scham und Hass auslösen, sondern auch heutzutage in der „zivilisierten Welt" altmodische Werte emporkommen lassen: Heldentum, Ehre, Lebensfreude. Mit ein wenig mehr Chancen und Teilnahme durch die Gemeinschaft könnten diese Kinder der erstickenden Aussichtslosigkeit entkommen.

*

Während des Ersten Weltkrieges veröffentlichten sowohl die Franzosen als auch die Deutschen Propagandabroschüren, die den Gegner als mörderische und vergewaltigende Bestien darstellten, Monster in Menschengestalt, die nur die Vernichtung verdienten. Es wurden auch konkrete Beispiele mit entsetzlichen Details gezeigt: missbrauchte kleine Mädchen, zerstückelte Babys, gefolterte Alte. Einige dieser Fälle waren von der Propaganda erfunden worden, andere hingegen entsprachen der Wahrheit. In Kriegszeiten kommt die Bestie im Menschen zum Vorschein. Die Zivilisation mit all ihren Geboten (du sollst nicht stehlen, nicht töten, du sollst nicht begehren deines Nächsten Weib) ist ein dünnes Gewand über unserer primitiven Natur.

In besonderen Situationen – in Kriegen, beim *Clash of Civilizations* und ethnischen und kulturellen Konflikten –

verlieren einige zwangsweise jeglichen Zug von Menschlichkeit. Es ist furchtbar, wenn an ihrem Beispiel auf übertriebene, emotionale, zudringliche Weise öffentlich der Eindruck erweckt wird, die ganze Gruppe, der der Einzelne angehört, verkörpere dessen Unmenschlichkeit und Grausamkeit. Es ist ungeheuerlich, wenn man die vielfältigen menschlichen Facetten im Namen der Reinheit und Überlegenheit anderer beseitigen will. Denn die Schönheit des Menschen besteht eben in seiner Vielfalt. Im Laufe der Zeit wurden jedoch Schwarze, Juden, Frauen, Moslems, Homosexuelle als Nicht-Menschen oder noch nicht vollkommene Menschen dargestellt und als solche behandelt. Es ist daher unerträglich, Menschen nach genetischen, ethnischen, konfessionellen oder geschlechtlichen Unterschieden zu bewerten, ganz gleich, wo wir selbst stehen. Wenn wir diskriminieren, öffnen wir für radikale Lösungen eine Tür, was im Extremfall zu Tragödien führen kann.

Der Rom aus Rumänien ist ein menschliches Wesen und ein rumänischer Bürger. Es verwundert, dass daran von Zeit zu Zeit erinnert werden muss. Wir können die Vorteile und Nachteile der Demokratie oder der universellen Erklärung der Menschenrechte hinterfragen. Aber wenn wir mit ihren Grundsätzen einverstanden sind, sind wir nicht berechtigt, den Roma ihre Menschlichkeit und das Bürgerrecht abzusprechen. Man kann sie als eine Ethnie voller Psychopathen und Verbrecher, als eine heimatlose, primitive und elende Gruppe betrachten, so wie sie heutzutage von vielen Rumänen diffamiert werden. Tatsächlich ist der rumänische Staat multiethnisch und jeder Bürger gleichberechtigt. Der Staat ist verpflichtet, seine Bürger innerhalb und außerhalb seiner Grenzen zu schützen.

Ich lese immer wieder in der Zeitung verbitterte Beiträge

darüber, dass wir überall in der Welt mit den Roma gleichgestellt werden, dass ihre Vergewaltigungen und Raubtaten das Image der Rumänen stark schädigen. Ich bin auf meinen Reisen ebenfalls dieser Verwechslung begegnet, die von Ahnungslosigkeit zeugt. Weder die Roma noch die Rumänen sind daran schuld. Oft ist diese Verwechslung gewollt. Die Verantwortung tragen diejenigen, die die Völker in höher- und minderwertige unterteilen, in einer unendlichen Kette von Demütigungen. Viele Italiener, die heutzutage Rumänen und Roma in Scharen aufnehmen, fühlen sich ihnen überlegen, wobei sie vergessen, dass sie selber als Einwanderer schreckliche Erniedrigungen in den Ländern, in die sie vor einem Jahrhundert geflohen waren, erlebten. Wenn wir die Lage der rumänischen Einwanderer in Spanien mit der in Italien vergleichen, wird uns der Anlass des italienischen Skandals klar: schlechte, diskriminierende politische Maßnahmen gegen die Einwanderer, zu denen die wirtschaftlichen Schwierigkeiten und der Aufstieg der extremen Rechten hinzukommen. Der Rest sind nur Vorwände. Roma, Rumänen, Italiener, Amerikaner, Kongolesen und sonst wer haben vergewaltigt und werden es noch tun, haben getötet und werden noch töten, so lange die Welt bestehen wird, denn wir werden immer für unsere animalische Herkunft zahlen müssen, aber das wahrhaft Mörderische ist die Schlussfolgerung, dass die Tatsache allein, dass man Roma oder Rumäne ist, einen zum Mord verdammen, dass man das Mördergen geerbt haben soll. Eben das ist das Unzulässige.

Was uns betrifft, führt es zu nichts, immer wieder auf den ethnischen Unterschied zwischen Rumänen und Roma zu bestehen. Er ist sowieso offensichtlich für uns alle. Aber von Überlegenheit und Unterlegenheit zu sprechen bedeutet, rassistisch zu sein. Auch ruft nicht nur die Verwechslung mit den Roma eine Verachtung der Rumänen in der Welt hervor. Die Rumänen wurden auch in der Vergangenheit unabhängig von dem Roma-Problem verachtet: In Siebenbürgen zum Beispiel waren sie jahrhundertelang das schwarze Schaf des Habsburgischen Reiches.

Das bedeutet jedoch nicht, dass es nicht viele und besonders prekäre Probleme der in Armut, Unterentwicklung und Verbrechertum versunkenen Ethnie der Roma gebe. Ihre soziale und kulturelle Rückständigkeit ist historisch begründet, aber nicht genetisch bedingt. Wir werden dieses Problem nicht einfach lösen, aber auch nicht dadurch, dass man zu Hass und Verachtung aufruft. Aber das Verschwinden der Roma, die, ob es uns gefällt oder nicht, ein historisches Erbe und ein Bestandteil des rumänischen Volkes sind, wäre ein großer Schaden für uns alle.

*

Am Ende der Sendung, die ich anfangs erwähnte, steht ein Polizeioffizier vor dem Mikrofon und erläutert die Wirksamkeit des laufenden Einsatzes – im Hintergrund das Heulen der mit Gewalt aus den eigenen Baracken vertriebenen Frauen. Plötzlich stürzt ein Rom auf die Kamera zu und schreit so laut, dass für einen Augenblick das Zäpfchen in seinem Hals sichtbar wird: „Wir werden verhungern! Gebt uns unsere Karren zurück! Was sollen wir ohne sie machen?" Der Polizist drängt ihn mit Gewalt zurück. Es entsteht ein Handgemenge, die Kamera kippt, die in Panik geratene Reporterin schreit etwas und …

… es folgt eine Unterbrechung. Wir befinden uns in einem prächtigen Wohnzimmer mit einer großen Zierpflanze in einer Ecke neben einem Sofa, auf dem sich zwei Frauen über die Vorteile eines bestimmten WC-Desinfektionsmittels unterhalten. Dem herkömmlichen Produkt gelingt es nicht, überall einzudringen, wo sich die Mikroben verstecken. Aber das neue verfolgt sie bis in die dunkelsten Winkel hinein. Ein kleiner Zeichentrickfilm zeigt die erschrockenen Mikroben, die in großem Durcheinander vor dem wundersamen Mittel fliehen. Von seinem Dampf berührt, schwellen die karikierten Gesichter an und platzen wie kleine Knallkörper. Das Porzellan der Toilette glänzt dann verführerisch, und dieser Glanz wird von einem Glöckchenton untermalt.

Aus dem Rumänischen von Raluca Rădulescu

Goran Petrović

LEISES SPRECHEN
DURCH DAS SCHLÜSSELLOCH DER WELT

Einführende Anmerkung

Verzeihung. Es ist mir sehr peinlich. Ich schäme mich. Ich weiß nicht, wie ich es Ihnen sagen soll: Was Sie soeben lesen, ist nicht der Text. Was Sie vor sich haben, sind nur ein paar Anmerkungen. Der eigentliche Text ist offenbar verloren gegangen. Obwohl, ehrlich gesagt, nicht einmal feststeht, dass es ihn je gegeben hat. Ich muss nämlich gestehen, dass ich nicht mehr weiß, ob ich ihn überhaupt geschrieben habe. Vielleicht ist er einfach irgendwo hängen geblieben in dem Dschungel des Computerspeichers, dieses Geräts, dem ich, wie wir alle, das Erinnern überlassen habe.

Wie auch immer, als es so weit war, dass ich den Text für Ihre Sammlung verlorener Wörter / Welten ausdrucken und abschicken wollte, fand ich an seiner Stelle nur einige Fußnoten, Fragmente, Fetzen … Wie gesagt, ich kann mich nicht erinnern, ob ich den Text überhaupt geschrieben habe oder ob er bei einer der zahlreichen Korrekturen, beim Kopieren und Einfügen, beim Erteilen von Befehlen, kurzum beim ständigen Drücken der Knöpfe auf der Tastatur verschwunden ist. Mir wäre ehrlich gesagt das Erstere lieber, selbst wenn Sie dann von mir dächten, ich sei ein unzuverlässiger Mensch, der einen Text verspricht und stattdessen nur vier Anmerkungen liefert. Denn, träfe das

Zweite zu, wer weiß, wer kann da ganz sicher sein, wer kann mir garantieren, dass nicht auch alles andere, was ich bisher geschrieben habe, nur eine Anhäufung von zufällig gefundenen Teilen von etwas Größerem ist, von etwas sehr viel Größerem, etwas bewundernswert Großartigem, jedoch Vergessenem und für immer Verlorenem – und so weiter … Wäre dann nicht die gesamte Literatur, die Millionen und Milliarden von Schriftstücken, auch von Gedichten, Erzählungen, Romanen nur ein Rest des Restes unserer Leben, spurlos – Puff! – verschwunden durch einen Zufall oder einen rätselhaften Computervirus oder bei einem Stromausfall.

Ich weiß nicht, wie es Ihnen ergeht, aber mich beunruhigt diese Frage sehr. Was sind alle unsere mächtigen Rechner, die unzähligen Megabytes, Gigabytes und Terabytes wert? Sind sie nicht, – ach, wie traurig, – nur der Rest der Menschheit, der Rest der Menschenleben?

Der Aufziehschlüssel

In der obersten, der flachsten Schublade meines Schreibtisches verwahre ich alle möglichen Kleinigkeiten. Feuerzeuge, Streichholzschachteln, eine Handvoll ungültiger Münzen, eine Schachtel Büroklammern, einen Winkelmesser, eine Packung Batterien, eine Murmel, einen Radiergummi, einen seit langem nicht mehr benutzten Füllfederhalter, einen Bleistiftstummel, eine Tesafilmrolle, eine Tube Klebstoff, eine angebrochene Schachtel Kopfschmerztabletten … Zwischen all diesen meist belanglosen Dingen befinden sich auch einige Schlüssel, die aus verschiedenen Gründen seit langem nicht mehr im Gebrauch sind. Da sind Schlüssel, die ich mal verloren und dann wiedergefunden habe, von denen ich aber inzwischen nicht mehr weiß, zu welchem Schloss sie passen. Oder ich habe einen von drei Schlüsseln irgendwo verlegt, aus Angst vor Einbrechern das Schloss ausgetauscht und konnte dann mit den beiden übriggebliebenen Schlüsseln nichts mehr anfangen. Oder Schlüssel, die zu Vorhängeschlössern gehören, von denen ich nicht mehr weiß, was sie gehütet haben. Oder Schlüssel von Koffern, die ich nicht mehr besitze. Oder, wie in einem besonderen Fall, ein kleiner Schlüssel, mit dem man mechanisches Spielzeug, diese kleinen Wunderdinge aus der Kindheit, aufzog. Ja, dieser unscheinbare, kaum zwei Zentimeter lange Schlüssel, dürfte der älteste und somit auch der erste sein.

Ich erinnere mich, dass durch sein Drehen irgendwo im Bauch eines kleinen Blechaffen eine Feder gespannt wurde, die danach langsam ablief, wodurch sich die Arme des Affen, an dessen Händen Mini-Tschinellen befestigt waren, ausbreiteten und zusammenschlugen. Und obwohl das immer dieselben Bewegungen waren, gab es etwas Fröhliches in diesem „Klatschen", in diesem rhythmischen Klimpern. Stundenlang konnte ich den Spielzeugaffen immer wieder aufziehen und damit den Erwachsenen auf die Nerven gehen. Das Klimpern der Tschinellen bereitete mir eine große Freude, aber noch mehr faszinierte mich die Tatsache, dass auch ich etwas in Bewegung setzen konnte! Zwar nur für etwa zwanzig Sekunden, solange das Ablaufen der Feder dauerte, aber immerhin bewegte auch ich etwas.

Zu einer Tragödie kam es, als ich, weil ich die Zeit des „Klatschens" verlängern wollte, mit dem kleinen Schlüssel die Feder überspannte. Sie brach und man konnte deutlich hören, wie im Inneren des Spielzeugs etwas unheilverheißend knackte. Mein Vater konnte den Mechanismus nicht reparieren, und der kleine Affe aus Blech, nun auf ewig stumm und leblos, fristete fortan sein Dasein auf einem Regal. Dann stellte ich ihn an einen weniger auffallenden Platz, weil er mich an mein Scheitern erinnerte, ja sogar daran, dass ich mit meiner Maßlosigkeit jemandes Tod verschuldet hatte. Später legte ich ihn an einen noch weniger auffallenden Platz. Schließlich begrub ich ihn hinter den Garagen im Innenhof, in einer eigenen Welt zwischen den Wohnhäusern. Meine Hände rochen nach frisch ausgehobener Erde und nach ausgerissenen Farnblättern. Ich lud keinen meiner Freunde dazu ein. Ich sagte auch nichts zu meinen Eltern. Ich tat es ganz allein. Die Schande sollte nur mein sein. Bereits im nächsten Jahr war der Grabhügel kaum noch zu erkennen, und im Jahr danach fand man von dem kleinen Grab keine Spur mehr. Aber die Scham ist geblieben, weil ich den kleinen Schlüssel aufbewahrte. Geblieben ist allerdings auch die Hoffnung, die Hoffnung, dass man manchmal etwas in Bewegung setzen kann. Wenn auch für nur zwanzig Sekunden. Das mag nicht viel sein. Ist aber ganz sicher auch nicht wenig.

Nichts geht verloren

Der zweite nicht benutzte Schlüssel in der obersten Schublade ist kaum größer als der kleine Aufziehschlüssel. Er diente dazu, das kleine Schloss an einem jener einst sehr beliebten Hefte mit hartem Einband zu öffnen, in die man Erinnerungen aus der Schulzeit eintrug oder die man in der Pubertät als Tagebuch benutzte. Ein solches Heft schenkte ich meiner damaligen großen Liebe zum Geburtstag. Häppchen, sentimentale Musik und zwei in die Deckenlampe eingeschraubte, eigens für diese Gelegenheit angemalte Glühbirnen, deren Farbe von der Wärme langsam schmolz und eigentlich ziemlich unangenehm roch, bis ihr Vater ins Zimmer stürmte und schrie: „Ihr seid nicht bei Trost! Wollt ihr denn das Haus in Brand stecken? Schluss jetzt!"

Ich hatte nie den Mut, ihr meine Liebe zu erklären, wollte ihr aber zum Geburtstag auch nicht etwas Gewöhnliches, etwa eine Schallplatte, schenken, sondern etwas ganz Persönliches. Wie gesagt, das Heft mit dem festen Einband, verziert mit Blüten in Goldprägung, hatte ein kleines Schloss. Und zwei kleine Schlüssel. Meiner Angebeteten überreichte ich jedoch zusammen mit dem Geschenk nur einen Schlüssel. Den zweiten behielt ich. Ich weiß nicht, was ich mir damals dabei gedacht hatte. Vielleicht glaubte ich, dass der zweite eigentlich ein Schlüssel zu ihr wäre und dass ich eines Tages als einziger von mehreren Milliarden Menschen auf der Welt das Privileg haben würde, Einblick in das zu bekommen, was sie „vom Herzen diktiert" aufgeschrieben hatte. Obwohl ich wusste, dass dieses simple Schloss auch mit einer gewöhnlichen Haarnadel leicht zu knacken war. Ich weiß nicht, was ich damals dachte. Ich weiß nur, dass ich mich ein wenig schämte. Ich fühlte mich wie ein ungeladener Gast, wie eine Art Dieb … Auch wenn ich lange nicht wusste, ob sie dieses Heft überhaupt benutzte, ob sie darin ihre Erinnerungen eintrug oder es ihr als Tagebuch diente.

Das sollte ich erst viele Jahre später erfahren. Bei einem Abiturtreffen. Im oberen, „samtenen" Saal des Hotels Berge von kalt gewordenem Gegrilltem, zu laute Musik und eine lästige, professionelle Lightshow. Sie konnte sich an ihren Geburtstag gut erinnern, an das Heft und daran, dass sie mich sympathisch fand, und sagte (schreiend wegen des nahen Lautsprechers): „Du hast keine Ahnung, wie verliebt ich in dich war! Das habe ich damals alles jenem Heft anvertraut!" Auch ich wollte etwas sagen. Mich öffnen. Aber ein Teufel hinderte mich daran. Das Wort „Teufel" steht hier für andere Begriffe, unter anderem für das Wort „Stolz". Ich verschwieg alles. Auch meine Liebe verschwieg ich. Auch den zweiten Schlüssel, der mich jetzt, wann immer ich die oberste Schublade meines Schreibtisches öffne, mahnt: „Sag es! Sag es ihr, du Blödmann! Gestehe ihr alles, du Feigling, du besitzt nichts, hast also auch nichts zu verlieren! Aber vielleicht etwas zu gewinnen!"

An den Fingerkuppen Blutergüsse, sogar Blut

Der dritte „Schlüssel" ist eigentlich ein Schlüsselbund. Das sind keine Schlüssel im klassischen Sinne, sondern sogenannte Inbusschlüssel. Für die nicht Eingeweihten: Das ist ein Werkzeug mit sechskantigem Ende für das An- oder Abschrauben von kopflosen Schrauben, die eine entsprechende sechskantige Aussparung haben. Solche Schrauben werden oft in der Möbelindustrie benutzt, weil sie unauffälliger sind als die klassischen hervorstehenden Schrauben, an denen man leicht hängen bleiben und die Hose oder den Rock zerreißen kann. Laut dem „Großen Fremdwörterbuch" ist der Inbusschlüssel – sein Name ist ein Kurzwort für *Innensechskantschlüssel Bauer und Schaurte* – ein sechskantiger Schlüssel, der zum Festschrauben und Lockern von Inbusschrauben der gleichnamigen Firma Bauer und Schaurte dient. Ach, diese präzise deutsche Sprache! Wenigstens der Übersetzer wird damit keine Probleme haben!

Das Bündel Inbusschlüssel habe ich Anfang der neunziger, der Kriegsjahre gekauft, als wir unseren Haushalt gründeten. Wahrscheinlich hatte ihn ein Arbeiter aus Verzweiflung in der Werkstatt seiner zum Scheitern verurteilten Firma geklaut. Ich erstand ihn zu einem günstigen Preis auf dem Trödelteil des Wochenmarktes. In jenen Jahren zogen wir oft um, man musste alles Mögliche auseinander- und zusammenbauen wie Bücherregale, das aufklappbare Sofa, den Esstisch und vieles andere mehr. Außerdem lockerten sich von Zeit zu Zeit die Inbusschrauben an den drei Beistelltischen mit dem Kirschholzfurnier und an dem S-Sessel aus leichtem, unter Dampf gebogenem Sperrholz, und man musste sie wieder festziehen. Bei dem heutigen großen Angebot an Möbeln haben die alten Stücke schon längst an Wert verloren. Aber wir hängen daran, an unseren ersten Beistelltischchen und an unserem ersten Sessel.

Allerdings weiß ich nicht mehr, wie viele Schlüssel es ursprünglich in dem Bund gab. Jetzt sind es nur noch drei, die anderen habe ich verloren. Es zeigte sich aber, dass ein noch größeres Problem darin bestand, dass diese Schlüssel von weitaus besserer Qualität waren als die Schrauben an unseren Möbeln. Vom häufigen Ab- und Anschrauben sind die Schrauben so ausgeleiert, dass der Inbusschlüssel sich in ihnen einfach leer dreht. Es sieht danach aus, dass die Schlüssel der großen Staaten solide und für die Ewigkeit gemacht sind, wohingegen die Schrauben der kleinen Staaten schon immer von minderer Qualität und kürzerer Lebensdauer waren.

Seit geraumer Zeit ziehen wir nicht mehr um. Die Schrauben an unseren Beistelltischchen und am Sessel drehe ich mit der Hand fest. So gut es geht. Das reicht natürlich nicht. Deshalb sind alle drei Tischchen etwas wackelig. Und deshalb gibt unser Sessel warnende Signale von sich, indem die unter Dampf gebogenen Sperrholzplatten an den Verbindungsstellen quietschen. Einige Male habe ich mir schon die Fingerkuppen verletzt, als ich die Schrauben mit der Hand festziehen wollte. Das Ergebnis waren Blutergüsse und auch Blut. Die nicht gebrauchten Inbusschlüssel darben jetzt einsam in der oberen Schublade und warten auf Möbel mit mindestens gleich guten Inbusschrauben.

Ein gewöhnliches Streichholz

Als wir bei der Renovierung unserer Wohnung eine Sicherheitstür einbauen ließen, teilte man uns mit, dass wir dazu sechs „kodierte" Schlüssel bekämen. Der stolze Verkäufer erklärte uns, dass diese Schlüssel nicht nachgemacht werden könnten. Nicht nur, weil sie an der Spitze scharfe, „gebirgsähnliche" Konturen, sondern weil sie auch seitlich mehr oder weniger tiefe Einkerbungen hatten. Das bedeutet, dass nicht einmal die Handwerker, die die Tür einbauen, sich eine Kopie des Schlüssels anfertigen können. Es gibt überhaupt keinen Schlosser, der in der Lage ist, einen solchen Schlüssel nachzumachen. Die Schlüssel sind hundertprozentig sicher. Und damit ist es auch der Besitzer der Sicherheitstür beziehungsweise der Wohnung. Wenn man einen der Schlüssel verliert, wird das ganze Schloss ausgetauscht. Eigentlich wird das Schloss gar nicht ausgetauscht, sondern die Türangeln und die Stahlanker, die in acht Richtungen in das Mauerwerk eingelassen sind, werden mit einer leistungsstarken elektrischen Säge durchgeschnitten.

Ich persönlich halte das für eine Übertreibung und einen Reklamegag. Denn, man mag einen noch so perfekten Schließmechanismus bauen, es wird immer ein Weg gefunden, ihn zu öffnen. Und doch tragen diese Sicherheitstür, dieses besondere Schloss, diese ungewöhnlichen Schlüssel dazu bei, meine Angst im Zaum zu halten. Einen Schlüssel hat unsere Tochter, einen meine Frau, einer hängt an meinem Schlüsselbund, einen haben wir meiner Mutter zum Aufbewahren gegeben (für den Fall, dass wir gleichzeitig alle drei Schlüssel verlieren), einer befindet sich bei meiner Schwester (damit sie, wenn sie in unsere Stadt kommt, ohne auf uns zu warten, in die Wohnung kann), und einer, der sechste, liegt in der obersten Schublade meines Schreibtisches. Auf diese Weise sind wir gegen alle unangenehmen Situationen gefeit. Das gibt mir einigermaßen die Sicherheit, sozusagen zu mir nach Hause kommen zu können. Denn ich fürchte weniger die Einbrecher als den theoretisch möglichen Fall, dass wir alle gleichzeitig die „kodierten" Schlüssel verlieren und ich nicht in die eigene Wohnung kann. So aber hatte ich allem vorgebeugt, glaubte ich.

Bis mir eines Tages ein Freund, ein Literaturkritiker, sagte: „Und was, wenn jemand ein Streichholz in das Schloss steckt? Der Dieb vermag die Tür nicht zu öffnen, er kann keine elektrische Säge benutzen, weil sie zu viel Lärm im Treppenhaus macht, er kann den Schlüssel nicht nachmachen, also steckt er aus einem Gefühl der Ohnmacht, aus reiner Bosheit ein gewöhnliches Streichholz in den Spalt. Das bekommst du ums Verrecken nicht mehr raus!"

Ich muss zugeben, diese Möglichkeit hat mich alarmiert. Die Einbrecher haben zwar auch ihren Ehrenkodex, aber die Zeiten haben sich geändert, die Diebe sind auch nicht mehr das, was sie einmal waren. Es ist also nicht ausgeschlossen, dass sie sich sagen: „Wenn ich nicht reinkomme, sollst auch du draußen bleiben!" Wobei mir, um es noch einmal zu sagen, die Wohnung und was sich in ihr befindet, weniger wichtig sind. Mich beunruhigt viel mehr der Gedanke, dass ich dann nicht zu mir nach Hause kommen kann.

Ich überspringe hier alle anderen unbenutzten Schlüssel, von denen ich meist nicht weiß, zu welchem Schloss oder Vorhängeschloss sie einmal gepasst haben. Merkwürdig, ich kann nicht behaupten, dass ich im Leben viele Schlüssel verloren habe, die meisten sind da, in der obersten Schublade, verloren habe ich aber das Wissen, was sie einmal geöffnet haben.

Vielleicht ist es jetzt an der Zeit zu sagen, dass ich nicht daran glaube, dass ein Wort oder sogar eine ganze Welt verloren gehen kann. Wenn wir nicht wissen, was ein bestimmtes Wort bedeutet oder wo sich eine bestimmte Welt befindet, heißt das noch lange nicht, das sie verlegt worden sind. Das bedeutet lediglich, dass wir etwas falsch interpretieren oder nicht imstande sind, etwas wiederzuerkennen. Meine Frau ist Archäologin. Fragmente sind für sie Schlüssel zu ganzen Epochen. Oft tröstet sie mich mit den Worten: „Nichts geht verloren, was nicht eines Tages wiedergefunden wird." Woraus ich schließe, dass man auch nichts als verloren deklarieren kann. Auf der anderen Seite gibt es eine alte Regel, wonach man etwas am besten dort versteckt, wo es logischerweise hingehört. Ein Buch versteckt man am besten in einer Bibliothek. Eine Nachricht in einer Zeitung. Eine Information im Cyberspace des Internets. Wir sagen gern, wir hätten etwas. Leute sagen beispielsweise, sie hätten ein bestimmtes Buch zu Hause. Selten sagt jemand, er habe dieses Buch gelesen. Alle betonen, wenn auch unbewusst, dass sie dieses Buch „haben". Was soll ich anfangen mit drei Millionen, vierhundertsiebenundzwanzigtausendneunhundertzweiundachtzig Ergebnissen zu einem Begriff, den ich in das leere Feld der Suchmaschine eingegeben habe? Da ist, falls wir der Technik trauen, nichts ausgelassen worden. Nur ist bei diesem Scheinüberfluss vieles unauffindbar. Oder unverständlich. Ein seltenes Wort, in gleich welcher Sprache geht nie verloren. Verloren geht nur seine Bedeutung. Noch weniger kann man behaupten, dass ein häufig gebrauchtes Wort, etwa das vielzitierte Wort „Wahrheit", verlorengegangen ist. Wir haben nur seine ursprüngliche Bedeutung verloren. Wir haben eine ganze Welt verloren, die es definierte.

Selbst wenn es uns anders scheint, verlieren wir nie einen Schlüssel. Wir verlieren nur das Wissen, was dieser Schlüssel aufmachen, auf- und zusperren, öffnen kann. Es kann natürlich passieren, dass, wie in dem Beispiel, das Sie vor sich haben, der Text verloren geht und nur Anmerkungen übrig bleiben. Verzeihung. Es ist mir sehr peinlich. Ich weiß nicht, wie ich Ihnen sagen soll, dass der Text, den Sie gerade lesen, nicht der eigentliche Text ist. Das hier sind nur Fragmente. Das sind nur Fußnoten, die mit einem einfachen Befehl vergrößert wurden, indem ich den Schriftgrad 9 durch den Schriftgrad 14 ersetzt habe.

Anders als bei den Schlüsseln, von denen hier die Rede war, ist dies nur ein Flüstern, ein leises Sprechen durch die Schlüssellöcher der Welten. Jedes Wort in jeder Sprache ist ein Schlüssel mit einmaligen Einkerbungen aus Vokalen und Konsonanten. Mit jedem Wort wird etwas geöffnet. Oder, wie in diesem Fall, geschlossen.

Aus dem Serbischen von Mirjana und Klaus Wittmann

AUTORiNNEN UND ÜBERSETZERiNNEN

SCHWEDEN

Aris Fioretos, mit griechisch-österreichischer Herkunft 1960 in Göteborg geboren. Er debütierte 1991 mit dem prosalyrischen Band *Delandets bok (Das Buch der Teilung)*; danach folgten mehrere Romane, Essays und Übersetzungen. Er erhielt zahlreiche Preise und Stipendien, zuletzt wurde er mit dem Großen Preis der Gesellschaft De Nio ausgezeichnet. 2013 erschien sein Buch *Die halbe Sonne* auf Deutsch. Er lebt in Berlin und Stockholm.

Paul Berf, 1963 in Frechen bei Köln geboren, studierte Skandinavistik, Germanistik, Anglistik und Vergleichende Literaturwissenschaften in Köln und Uppsala. Seit 1999 arbeitet er als freier Übersetzer aus dem Schwedischen, Finnlandschwedischen und Norwegischen und übertrug unter anderem Henning Mankell, Selma Lagerlöf und Aris Fioretos ins Deutsche. 2005 erhielt er den Übersetzerpreis der Schwedischen Akademie.

UKRAINE

Serhij Zhadan, 1974 im Gebiet Luhansk / Ostukraine geboren, studierte Germanistik und promovierte über den ukrainischen Futurismus. Der Autor von Lyrik und Prosa gehört zu den prägenden Stimmen der Ukraine. 2010 war er Gast im Berliner Künstlerprogramm des DAAD. Seit einigen Jahren tritt er mit der Band *Sobaky v kosmosi* (Hunde im Weltall) auf. Auf Deutsch erschien zuletzt der Roman *Die Erfindung des Jazz im Donbass*.

Claudia Dathe, 1971 geboren in Leipzig, studierte Übersetzungswissenschaft und Betriebswirtschaftslehre in Leipzig, Pjatigorsk und Krakau und war als Lektorin für den DAAD in Kasachstan und in der Ukraine tätig. Sie übersetzt aus dem Ukrainischen (Serhij Zhadan, Olexandr Irwanez, Tanja Maljartschuk und Maria Matios), aus dem Russischen und Polnischen. Seit 2009 arbeitet sie als Koordinatorin des Projekts „Textabdrücke – literarisches Übersetzen" an der Universität Tübingen, seit 2013 koordiniert sie das EU-Projekt „TransStar Europa" zur Professionalisierung literarischer Übersetzer.

ÖSTERREICH

Martin Pollack, 1944 in Oberösterreich geboren. Er ist Autor, Übersetzer und „Weltvermittler" (*Tagesspiegel*). Neben dem literarischen Schreiben hat sich Pollack vor allem als Herausgeber von Berichten, Erzählungen und Essays aus verschiedenen Regionen Osteuropas betätigt. Pollack wurde vielfach ausgezeichnet, unter anderem mit dem Karl-Dedecius-Preis 2007, dem Georg-Dehio-Buchpreis 2010 und dem Leipziger Buchpreis zur Europäischen Verständigung 2011. Für den vorliegenden Band hat er den Essay von Joanna Bator ins Deutsche übertragen sowie einen eigenen Essay verfasst.

PALÄSTINA / ENGLAND

Adania Shibli, 1974 in Palästina geboren, gehört zu den „bekanntesten Vertreterinnen der neuen Schriftstellergeneration in der West-Bank" (*Guardian*). An der University of East London promovierte sie in Medien- und Kulturwissenschaften. Für ihre beiden Romane *Masaas* (2002) und *Kulluna ba'eed bethat al miqdar 'an al hub* (2004) wurde sie jeweils mit dem Qattan Young Writer's Award ausgezeichnet. Sie unterrichtete unter anderem an der University of Nottingham und war Stipendiatin des Wissenschaftskollegs zu Berlin. Derzeit lehrt Shibli Visuelle Kultur an der Birzeit Universität in Palästina.

Günther Orth, 1963 in Ansbach geboren, studierte Islamwissenschaft, Geografie und Soziologie in Erlangen, promovierte zur modernen Literatur des Jemen und war Dozent für Übersetzung und Deutsch als Fremdsprache an verschiedenen Universitäten. Er übersetzt Literatur aus dem Arabischen ins Deutsche und arbeitet als Konferenzdolmetscher. Er lebt in Berlin.

DEUTSCHLAND

Katja Lange-Müller, 1951 in Ost-Berlin geboren, ist gelernte Schriftsetzerin und siedelte 1984 nach West-Berlin über. 1986 brachte sie ihren ersten Band mit Erzählungen heraus und gewann im gleichen Jahr den Ingeborg-Bachmann-Preis, gefolgt von zahlreichen weiteren Preisen und Stipendien, unter anderem dem Alfred-Döblin-Preis 1995 und dem Villa Massimo Stipendium 2012. Sie ist Mitglied der Deutschen Akademie für Sprache und Dichtung und der Akademie der Künste (Berlin). Ihr letzter Roman *Böse Schafe* erschien 2007.

JAPAN / DEUTSCHLAND

Yoko Tawada, 1960 in Tokio geboren, studierte Literaturwissenschaft in Tokio und Hamburg und promovierte in Zürich. Seit 2006 lebt sie in Berlin. Sie schreibt Essays, Prosa, Hörspiele, Theaterstücke und Lyrik auf Deutsch und Japanisch und wurde für ihre Texte bereits vielfach ausgezeichnet, unter anderem mit dem Albert-von-Chamisso Preis sowie jüngst dem japanischen Yomiuri-Literaturpreis. Sie hatte zahlreiche Writer-in-Residences-Stipendien und Poetikdozenturen in Universitäten weltweit inne.

SERBIEN

Goran Petrović, 1961 in Kraljevo geboren, studierte jugoslawische und serbische Literaturwissenschaften in Belgrad und schreibt Erzählungen, Romane und Essays. Er gilt als einer der wichtigsten und meist gelesenen zeitgenössischen serbischen Autoren mit Übersetzungen in viele Sprachen. Seine Texte wurden mit nahezu allen bedeutenden nationalen Literaturpreisen ausgezeichnet, 2000 erhielt er den NIN-Preis für seinen Roman *Die Villa am Rande der Zeit*, der 2010 auf Deutsch erschien. 2012 wurde er Mitglied der serbischen Akademie der Wissenschaften und Künste. Er lebt in Belgrad.

Mirjana Wittmann, 1938 in Sarajevo geboren, wuchs in Belgrad auf und absolvierte ein Sprachenstudium in Heidelbergund arbeitete als Rundfunkredakteurin bei der Deutschen Welle in Köln sowie als freie Journalistin mit Schwerpunkt Kultur. Sie übersetzt aus dem Deutschen ins Serbische und gemeinsam mit ihrem Mann ins Deutsche. Klaus Wittmann, 1937 in Krefeld geboren, studierte Jura in Saarbrücken, Heidelberg und Bonn und arbeitete bei Inter Nationes Bonn. Das Übersetzerpaar erhielt 2011 den Paul-Celan-Preis für sein Gesamtwerk, das zahlreiche Übersetzungen aus dem Serbischen, Kroatischen und Bosnischen umfasst.

SPANIEN

Antonio Muñoz Molina, 1956 in Andalusien geboren, gehört zu den bekanntesten spanischen Schriftstellern und studierte Journalismus und Kunstgeschichte. 1991 erhielt er die wichtigen spanischen Literaturpreise Premio Planeta und Premio Nacional de Literatura für seinen Roman *Der Polnische Reiter*. 1995 wurde er in die Real Academia Española aufgenommen. Bis 2006 leitete er das Cervantes-Institut in New York. Er lebt und unterrichtet in New York und Madrid.

Willi Zurbrüggen, 1949 geboren, absolvierte eine Übersetzerausbildung am Englischen Institut in Heidelberg. Nach mehrjährigen Aufenthalten in Mexiko und Mittelamerika arbeitet er seit 1980 als freier literarischer Übersetzer. Er wurde mit mehreren Preisen ausgezeichnet, unter anderem dem Übersetzerpreis des Spanischen Kulturministeriums Madrid. Er übersetzte Bücher von Autoren wie Miguel Angel Asturias, Mario Benedetti, Manuel Vázquez Montalbán, Javier Cercas, Ignacio Aldecoa, Luis Sepulvéda und Antonio Muñoz Molina.

FRANKREICH / DEUTSCHLAND

Barbara Honigmann, 1949 in Berlin geboren, ist eine deutschsprachige, jüdische Schriftstellerin und Malerin. Sie wuchs in Ost-Berlin auf, studierte an der Humboldt-Universität Theaterwissenschaft und war Dramaturgin und Regisseurin. Seit 1975 ist sie als freie Autorin tätig. Seit den achtziger Jahren setzt sie sich mit dem eigenen Judentum auseinander. Sie ist Mitglied des PEN und der Deutschen Akademie für Sprache und Dichtung. Sie erhielt zahlreiche Preise, unter anderem 2004 den Kleist-Preis und 2011 den Max Frisch-Preis.

PORTUGAL

Gonçalo M. Tavares, 1970 in Angola geboren, ist portugiesischer Schriftsteller und verfasst Romane, Dramen, Lyrik, Essays, Erzählungen und Kinderbücher. Seit seinem Debut mit dem Lyrikband *Livro de Dança* im Jahr 2001 gehört er zu den bedeutendsten Autoren seiner Generation und wird weltweit in rund 30 Sprachen übersetzt. Er erhielt den José Saramago Preis für Autoren unter 35 und lehrt als Professor für Philosophie mit dem Schwerpunkt Erkenntnistheorie an der Technischen Universität Lissabon.

Marianne Gareis, 1957 in Illertissen geboren, studierte Anglistik und Romanistik in München und Lateinamerikanistik, Ethnologie und Anglistik in Berlin. Nach mehreren Aufenthalten in Mittelamerika, Brasilien und Portugal lebt sie heute als freie Übersetzerin in Berlin. Sie übersetzte unter anderem José Saramago und Miguel Sousa Tavares.

ITALIEN

Nino Vetri, 1964 in Palermo geboren, ist Buchhändler, Musiker, Schriftsteller und gehörte Anfang der neunziger Jahre zu den Gründern der Musikgruppe *La Banda di Palermo*. Vetri hat bisher drei Romane veröffentlicht. Auf Deutsch liegen sein Debut *Die letzten Stunden meiner Brille* und sein zweites Buch *Lume Lume* vor. Für diesen Roman erhielt Vetri 2010 den Premio letterario Vittorini.

Andreas Rostek, 1955 am Niederrhein geboren, studierte in Berlin und Bologna. Er war Mitbegründer der *taz*, dort Redakteur, Korrespondent und Chefredakteur und arbeitet als Wirtschaftsredakteur bei *DW-TV*. Lebt nach Arbeitsaufenthalten in Rom, Lugano und Washington jetzt wieder in Berlin. Als Autor und Übersetzer veröffentlichte er unter anderem *Einen Tod entwerfen* von Roberta Tatafiore in seinem Verlag *edition*.fotoTAPETA.

POLEN

Joanna Bator, 1968 in Wałbrzych geboren, ist Schriftstellerin und Publizistin. Sie studierte Kulturwissenschaften und Philosophie in Wrocław. Artikel und Essays in verschiedenen polnischen Zeitschriften, darunter *Tygodnik Powszechny, National Geographic* und *Voyage*. Für ihre Reportagen *Japonski wachlarz (Der japanische Fächer)* erhielt sie 2005 den Beata-Pawlak-Preis. 2011 erschien auf Deutsch ihr Roman *Sandberg*. Joanna Bator ist Hochschuldozentin und lebt in Japan und Polen.

FRANKREICH

Alexis Jenni, 1963 in Lyon geboren, ist promovierter Biologe und Schriftsteller. An seinem monumentalen Debutroman *L'Art français de la guerre* (2011) schrieb er fünf Jahre lang. Das Buch wurde als Meisterwerk gefeiert, für den Prix Fémina und den Prix Médicis nominiert und mit dem Prix Goncourt, dem höchsten französischen Literaturpreis, ausgezeichnet. Er lebt in Lyon und unterrichtet dort Biologie am Lycee Saint-Marc. 2012 erschien der Roman Die *französische Kunst des Krieges* auf Deutsch.

Tobias Scheffel, 1964 in Frankfurt am Main geboren, studierte Romanistik, Geschichte und Geografie in Tübingen, Tours und Freiburg. Seit 1992 hat er zahlreiche Übersetzungen aus dem Französischen publiziert, unter anderem von Robert Bober, Fred Vargas, Gustave Flaubert, Jacques Le Goff und Georges Perec. 2005 erhielt er den erstmals verliehenen Eugen-Helmlé-Übersetzerpreis, 2008 den Deutschen Jugendliteraturpreis, 2011 wurde ihm für sein Gesamtwerk als Übersetzer der Sonderpreis des Deutschen Jugendliteraturpreises verliehen.

RUMÄNIEN

Mircea Cărtărescu, 1956 in Bukarest geboren, studierte Philologie und promovierte über rumänische Gegenwartsliteratur. Als Schriftsteller gehört er zu den wichtigen Vertretern des rumänischen Postmodernismus. Er schreibt Lyrik und Erzählungen und arbeitet als Literaturkritiker. Sein Werk wurde mit zahlreichen Preisen ausgezeichnet, unter anderem mit dem Internationalen Literaturpreis des Hauses der Kulturen. Mit *Der Körper* ist 2011 der zweite Teil seiner *Orbitor*-Trilogie auf Deutsch erschienen.

Raluca Rădulescu, 1980 in Pitesti, Rumänien geboren, studierte in Bukarest Germanistik und Anglistik, sowie Theorie der Literatur. Sie ist Dozentin am Lehrstuhl für Germanistik der Universität Bukarest und verfasste Bücher und Beiträge zu den deutschsprachigen Literaturen Südosteuropas.

HERAUSGEBERINNEN

Kateryna Stetsevych, geboren 1980 in der Ukraine, studierte Germanistik und Literatur an der Universität Czernowitz und Kultur und Politik Osteuropas an der FU Berlin. 2005 – 2006 als Stipendiatin der Robert Bosch Stiftung im Programm „Kulturmanager aus Mittel- und Osteuropa" in der Bundeszentrale für politische Bildung. Seit 2007 ist sie freie Kulturmanagerin. 2012 gründete sie zusammen mit Stefanie Stegmann und Katarina Tojić den Verein Kulturgenossenschaft e.V., Träger des Projekts LOST WOR(L)DS.

Katarina Tojić, geboren 1977 in Serbien, studierte Literatur und Literaturtheorie an der Universität Belgrad und Kulturmanagement an der Kunstuniversität Belgrad. 2001 – 2002 Stipendiatin des Instituts Camões. 2004 Stipendiatin des Französischen Instituts für praktische Spezialisierung im Kulturmanagement. 2005 – 2006 als Stipendiatin der Robert Bosch Stiftung im Programm „Kulturmanager aus Mittel- und Osteuropa" bei der Klassik Stiftung Weimar. Seit 2007 freie Kulturmanagerin.

Stefanie Stegmann, 1974 in Lübbecke geboren, studierte Germanistik und Kunst für das Lehramt und promovierte in den Kulturwissenschaftlichen Geschlechterstudien an der Carl von Ossietzky Universität Oldenburg. Von 2003 bis 2005 war sie als Lektorin für den DAAD an der Universität Czernowitz, Ukraine, tätig. Seit 2005 leitet sie das Literaturbüro Freiburg und kuratiert ein Literaturprogramm mit ca. 100 Veranstaltungen jährlich.

ISBN 978-3-940524-20-1

Für diese Ausgabe
© *edition*.fotoTAPETA Berlin 2013
Für die Texte
© bei den AutorInnen
Für die Übersetzung
© Kulturgenossenschaft e. V. Berlin 2013

Abbildung auf Umschlag und Innenklappe:
nach einem Motiv von mischen, www.mischen-berlin.de
Umschlaggestaltung: Gisela Kirschberg, Berlin
Satz und Gestaltung: Gisela Kirschberg, Berlin
Lektorat: Carolin Löher, Markus Winkler
Druck: OPOLGRAF S. A., Opole, Polen, www.opolgraf.com.pl

Gesetzt aus der Minion und Frutiger

Dieses Buch-Projekt wurde gefördert durch die
Robert Bosch Stiftung sowie die Kulturstiftung des Bundes

Robert Bosch Stiftung

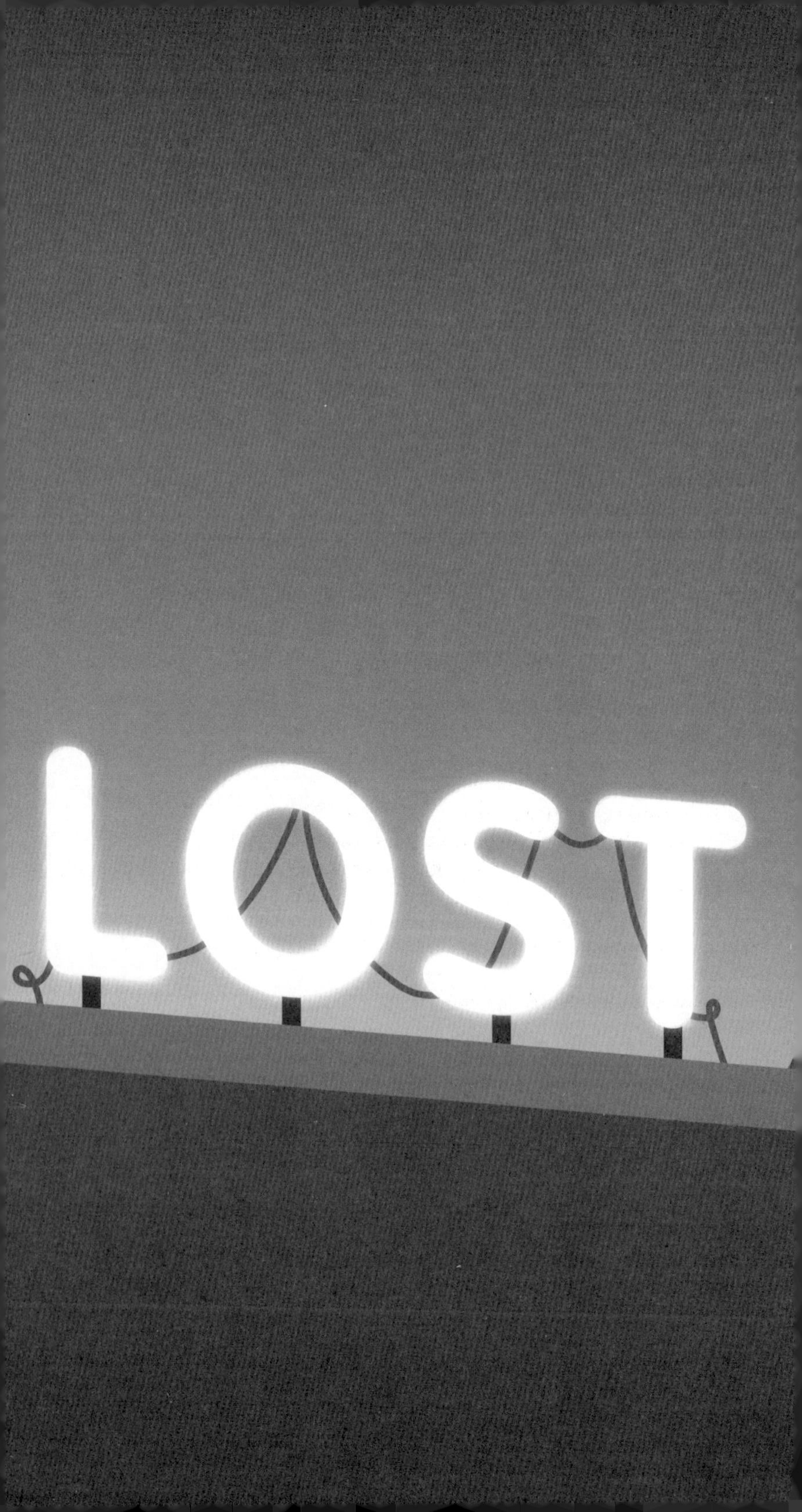
LOST